Les cahiers d'exercices

Russe
Intermédiaire

Victoria Melnikova-Suchet

À propos de ce cahier

Ce cahier est destiné à tous ceux qui possèdent déjà une bonne connaissance du russe et souhaitent aller plus loin dans l'apprentissage de la langue. Pour réviser les règles grammaticales de base, reportez-vous aux niveaux inférieurs de cette collection (débutant et faux-débutants). Vous découvrirez dans ce volume des notions de grammaire complexes, des listes d'exceptions et des questions linguistiques avancées. Les leçons sont suivies de plusieurs exercices au vocabulaire riche, pour s'exercer et mettre en pratique les notions présentées.

L'accent tonique n'est pas indiqué systématiquement, mais seulement pour montrer une particularité ou souligner la façon d'accentuer dans des cas plus compliqués. L'accent tonique est marqué, à l'exemple des ouvrages russes, par un trait au-dessus de la voyelle accentuée (l'équivalent de notre accent aigu).

Dans certaines leçons, vous rencontrerez l'encadré « Rappel », nous vous conseillons d'apprendre par cœur ces notions.

Enfin, nous vous proposons d'effectuer votre autoévaluation : après chaque exercice, dessinez l'expression de vos icônes (☺ pour une majorité de bonnes réponses, 😐 pour environ la moitié et ☹ pour moins de la moitié). À la fin de chaque chapitre, reportez le nombre d'icônes relatives à tous les exercices et, en fin d'ouvrage, faites les comptes en reportant les icônes des fins de chapitre dans le tableau général prévu à cet effet.

Sommaire

1. Le nom, le genre et le nombre : cas particuliers 3
2. Le génitif 6
3. Le datif. Les structures impersonnelles 13
4. L'accusatif et le locatif 20
5. L'instrumental. Les noms à déclinaison particulière 28
6. Les remarques pour la déclinaison. Particularités des noms 34
7. Les pronoms personnels. Les adjectifs possessifs. Quelques règles orthographiques 41
8. Les adjectifs. Les adverbes. Le comparatif et le superlatif 46
9. Formation des mots. Les noms composés. Les consonnes « muettes » 54
10. Le présent. Les verbes irréguliers. Les verbes знать et уметь 60
11. L'aspect du verbe. Les verbes de position 68
12. Les verbes de mouvement. La signification des préverbes 75
13. Le futur 83
14. Le passé. Le conditionnel 88
15. L'impératif 95
16. L'orthographe : signe mou et signe dur 103
17. L'accent tonique 110
Annexes : Verbes irréguliers 118
Solutions 121
Tableau d'autoévaluation 128

1
Le nom, le genre et le nombre : cas particuliers

Le nominatif

À ce stade de l'apprentissage, vous connaissez déjà la déclinaison. Nous vous proposons donc d'étudier les cas particuliers qui nécessitent une explication plus détaillée. Commençons par le nominatif.

1 Soulignez les noms dans le texte suivant et donnez leur genre.

В саду расцвели тюльпаны и розы. Девочки собрали

огромный букет и поставили его в розовую вазу,

которую они поместили в центре стола в комнате.

Вечером мама вернулась с работы и увидела вазу.

Она села в кресло у окна и долго любовалась этим

неожиданным подарком.

2 Reliez les adjectifs aux noms qui correspondent.

a. белым • • 1. шагом
b. о любимом • • 2. слона
c. с маленьким • • 3. музыку
d. Красной • • 4. карандашей
e. идёт решительным • • 5. снегом
f. нет зелёных • • 6. человеке
g. большого • • 7. ребёнком
h. тихую • • 8. площадью

CHAPITRE 1 : LE NOM, LE GENRE ET LE NOMBRE : CAS PARTICULIERS

Singularia et pluralia tantum

Certains mots russes n'existent qu'au singulier (*singularia tantum*) et d'autres qu'au pluriel (*pluralia tantum*).

Pour les mots n'existant qu'au singulier, il peut s'agir de mots représentant un ensemble d'objets (**обувь**, *chaussures* ; **листва́**, *feuillage*), une action ou un état (**смех**, *rire* ; **упря́мство**, *entêtement*), ou encore une matière (**пыль**, *poussière* ; **нефть**, *pétrole*).

Pour les mots n'existant qu'au pluriel, il s'agit le plus souvent d'objets formant une paire (**но́жницы**, *ciseaux* ; **брю́ки**, *pantalon*), de mots désignant une matière et dont l'emploi est figé au pluriel (**черни́ла**, *encre* ; **де́ньги**, *argent*), de phénomènes naturels ou d'une période de temps (**су́мерки**, *crépuscule* ; **су́тки**, *une journée*), ou encore de noms propres (**А́льпы**, *les Alpes*). Quant à certains mots, ils changent tout bonnement de sens en passant au pluriel (**вы́бор**, *choix* ; **вы́боры**, *élections*).

3 Repérez les mots qui n'existent qu'au singulier.

тишина   мебель   овца   колбаса   мёд   глаз   горе   сапог   кислород   информация
зуб   река   пыль   здоровье   сердце   посуда   спутник   школа   гнев   смех   детство

4 Repérez les mots qui n'existent qu'au pluriel.

Карпаты   двери   уши   ножницы   земли   сутки   уроки   каникулы   брюки   условия
решения   чернила   правила   сумерки   деньги   лица   свечи   знания

Genre du nominatif

Vous remarquerez qu'on définit le genre des noms seulement lorsqu'ils sont au singulier. Ainsi, pour les *pluralia tantum*, on ne parle pas d'appartenance à un genre. Le mot masculin **кофе**, *café* (la boisson), est souvent employé au neutre dans la langue parlée par assimilation avec le neutre auquel appartient la terminaison **-e**. Nous vous déconseillons cet emploi.

5 Attribuez le bon possessif aux mots suivants et donnez leur traduction, définissez le genre quand c'est possible. мой, моя, моё, мои

a. шампунь - ....
b. рёбра - ....
c. кофе - ....
d. брюки - ....
e. цель - ....
f. такси - ....
g. кашель - ....
h. мальчишка - ....

CHAPITRE 1 : LE NOM, LE GENRE ET LE NOMBRE : CAS PARTICULIERS

6 Choisissez la bonne traduction pour les mots suivants.

- скачки •
- сливка •
- выбор •
- сливки •
- скачок •
- выборы •

- • élections
- • petite prune
- • choix
- • saut
- • crème
- • courses (de chevaux)

7 Retrouvez le singulier des noms suivants puis traduisez-les.

a. врачи → .... → ....
b. числа → .... → ....
c. растения → .... → ....
d. стулья → .... → ....
e. острова → .... → ....
f. звёзды → .... → ....
g. двери → .... → ....
h. капли → .... → ....
i. кони → .... → ....

8 Mettez les noms suivants au pluriel.

a. цветок, *fleur* → ....
b. ребёнок, *enfant* → ....
c. лист, *feuille* → ....
d. сестра, *sœur* → ....
e. мать, *mère* → ....
f. день, *jour* → ....
g. дерево, *arbre* → ....
h. ремень, *ceinture* → ....
i. брат, *frère* → ....
j. перо, *plume* → ....

9 Trouvez la réponse à la devinette.

Почему Парижу мягче всех спать?

....

Bravo, vous êtes venu à bout du chapitre 1 ! Il est maintenant temps de comptabiliser les icônes et de reporter le résultat en page 128 pour l'évaluation finale.

2 Le génitif

Le génitif singulier des noms

- Le génitif est le cas :
  - du complément de nom
  - de l'appartenance
  - de la provenance
  - de l'absence
  - de la quantité
  - du partitif

- Le mot au génitif répond à la question **кого? чего? чей?**

	Nominatif кто? что?	Génitif кого? чего? чей?	Terminaison
SINGULIER			
Masculin	стол, *table* отéц, *père*	столá отцá	а
	конь, *cheval* музéй, *musée*	коня́ музéя	я
Féminin	водá, *eau*	воды́	ы
	рукá, *main* кóжа, *peau* дорóга, *route* кры́ша, *toit* земля́, *terre* стáнция, *station* жизнь, *vie*	руки́ кóжи дорóги кры́ши земли́ стáнции жи́зни	и
	мать, *mère* дочь, *fille*	мáтери дóчери	irrégulier
Neutre	нéбо, *ciel*	нéба	а
	мóре, *mer*	мóря	я
	врéмя, *temps*	врéмени	irrégulier

CHAPITRE 2 : LE GÉNITIF

1. Remplissez la grille en traduisant les mots. Nous vous soufflons la première lettre.

bouche	Р
cou	Ш
oreilles	У
lèvre	Г
peau	К
mains	Р
paupières	В
sang	К
sourcils	Б
ongle	Н
cœur	С
pupilles	З
doigts	П
cheveux	В
plantes des pieds	С
genoux	К
cils	Р
torse	Т

2. Répondez aux questions suivantes en mettant les mots au génitif.
ex. У вас есть собака? – Нет, у нас нет собаки.

a. У тебя есть дочь? – Нет, у меня нет..

b. У них есть время? – Нет, у них нет..

c. У него есть учитель? – Нет, у него нет..

d. У нас есть задание? – Нет, у нас нет..

e. Здесь есть музей? – Нет, здесь нет..

f. У них есть сад? – Нет, у них нет..

g. У вас есть рубашка? – Нет, у нас нет..

CHAPITRE 2 : LE GÉNITIF

Le génitif des adjectifs

SINGULIER			
	Nominatif какой? какая? какое?	Génitif какого? какой?	Terminaison
Durs et aussi en cas d'incompatibilité orthographique (après **г, к, х**)	бе́лый, *blanc* ре́дкий, *rare* бе́лое / ре́дкое	бе́лого ре́дкого	**ого**
	бе́лая / ре́дкая	бе́лой ре́дкой	**ой**
Mous et aussi après une lettre chuintante dans la terminaison non accentuée	си́ний, *bleu* хоро́ший, *bon* си́нее / хоро́шее	си́него хоро́шего	**его**
	си́няя / хоро́шая	си́ней хоро́шей	**ей**
Après chuintante, terminaison accentuée	большо́й, *grand* большо́е	большо́го	**о́го**
	больша́я	большо́й	**о́й**

PLURIEL			
	Nominatif какие?	Génitif каких?	Terminaison
Durs	бе́лые	бе́лых	**ых**
Mous	хоро́шие ре́дкие больши́е	хоро́ших ре́дких больши́х	**их**

3 Reliez les bulles correspondantes.

a. В этом городе нет…

b. Последний лист упал с…

c. Поешь немного…

d. Сливочное масло дешевле…

e. Зима, а у нас нет…

1. тёплой одежды!

2. оливкового масла.

3. засохшего дерева.

4. широкого проспекта.

5. этой вкусной рыбы.

CHAPITRE 2 : LE GÉNITIF

4 Changez les phrases comme dans l'exemple.
ex. Кто этот грустный мальчик?
Вот книга этого грустного мальчика.

a. Какой у него родной язык? Я не знаю его ....

b. Это мой лучший друг. Ты ведь знаешь моего .... ?

c. Какая дорогая сумка! А у тебя нет .... ?

d. Вот синее ведро и швабра. Я не вижу ....

e. Это очень длинная история. Ты не прочитал ни одной ....

f. Необходимо изучить внутреннее устройство прибора. Ты не знаешь .... прибора?

Le génitif pluriel des noms

	Nominatif кто? что?	Nominatif Pluriel - Génitif кого? чего? чей?	Terminaison
PLURIEL			
Masculin	стол, *table* отéц, *père*	столы́ - столо́в отцы́ - отцо́в	ов
	пéрец, *poivre* музéй, *musée* гéний, *génie* брат, *frère*	пéрцы - пéрцев музéи - музéев гéнии - гéниев брáтья - брáтьев	ев
	конь, *cheval* ключ, *clé* нож, *couteau* карандáш, *crayon* клещ, *tique* ребёнок, *enfant* сын, *fils* друг, *ami*	кóни - конéй ключи́ - ключéй ножи́ - ножéй карандаши́ - карандашéй клещи́ - клещéй дéти - детéй сыновья́ - сыновéй друзья́ - друзéй	ей
	пáпа, *papa* мужчи́на, *homme*	пáпы - пап мужчи́ны - мужчи́н	-
	вóлос, *cheveu* глаз, *œil*	вóлосы - волóс глазá - глаз	irrégulier

CHAPITRE 2 : LE GÉNITIF

Le génitif pluriel des noms (suite)

	Nominatif кто? что?	Nominatif Pluriel - Génitif кого? чего? чей?	Terminaison
PLURIEL			
Féminin	вода́, *eau* рука́, *main* доро́га, *route* кры́ша, *toit*	во́ды - вод ру́ки - рук доро́ги - доро́г кры́ши - крыш	-
	земля́, *terre*	зе́мли - земе́ль	**ь**
	ста́нция, *station*	ста́нции - ста́нций	**ий**
	крова́ть, *lit*	крова́ти - крова́тей	**ей**
	мать, *mère* пе́сня, *chanson* дочь, *fille* сестра́, *sœur*	ма́тери - матере́й пе́сни - пе́сен до́чери - дочере́й сёстры - сестёр	irrégulier
Neutre	зе́ркало, *miroir*	зеркала́ - зерка́л	-
	мо́ре, *mer*	моря́ - море́й	**ей**
	зда́ние, *bâtiment*	зда́ния - зда́ний	**ий**
	де́рево, *arbre* вре́мя, *temps*	дере́вья - дере́вьев времена́ - времён	irrégulier

Rappel…

- **челове́к**, *homme* : avec le nominatif pluriel **лю́ди**, le génitif singulier est **челове́ка** mais le génitif pluriel est **люде́й** sauf quand il suit des chiffres, alors il devient de nouveau **челове́к**.

- **год**, *an* : le pluriel est **го́ды**. Le génitif singulier est **го́да** et le génitif pluriel est **лет**.

- **де́ньги**, *argent* : ne s'utilise qu'au pluriel et donne le génitif pluriel **де́нег**.

CHAPITRE 2 : LE GÉNITIF

5 Mettez l'adjectif entre parenthèses au génitif.
ex. Здесь нет (интересные книги) – Здесь нет интересных книг.

a. На этой вечеринке не будет (нормальные люди) → ....
b. У тебя совсем мало (хорошие друзья) → ....
c. Вот много (разные цветные карандаши) → ....
d. У вас нет (маленькие дети) → ....
e. У меня никогда не было (длинные волосы) → ....
f. Они знают много (русские песни) → ....

Quel cas après les chiffres ?

Rappelez-vous qu'après les chiffres se terminant par 1 (sauf 11), les noms se mettent au nominatif singulier. Après les chiffres se terminant par 2, 3 et 4, on utilise le génitif singulier et le génitif pluriel après les chiffres entre 5 et 20.

6 Accordez les mots suivants avec le bon cas.

a. В комнате висят две (занавеска). → ....
b. Моему сыну уже пять (год). → ....
c. На лугу пасутся два (конь). → ....
d. Фильм заканчивается в семь (час). → ....
e. Я прочитал одиннадцать (страница). → ....
f. Мне нужно четырнадцать (рубль). → ....
g. В нашем городе 8 (музей). → ....

7 Répondez aux questions en suivant l'exemple.
ex. Чья это книга? (моя старшая сестра)
    Это книга моей старшей сестры.

a. Чей это чемодан? (высокий блондин) → ....
b. Чья это родина? (известный писатель) → ....
c. Чьё это решение? (Юрий) → ....
d. Чьи это книги? (хорошие друзья) → ....
e. Чья это идея? (её мать) → ....
f. Чьё это зеркало? (моя младшая дочь) → ....

CHAPITRE 2 : LE GÉNITIF

8 Entourez les prépositions qui nécessitent l'emploi du génitif et traduisez-les.

в → .... от → .... из-за → ....

над → .... при → .... из → ....

без → .... у → .... около → ....

под → .... после → .... по → ....

до → .... на → .... мимо → ....

о → .... для → .... за → ....

9 Mettez au génitif les mots entre parenthèses. Puis expliquez l'emploi du génitif en choisissant entre : quantité, absence, appartenance, provenance, partitif (vous pouvez les utiliser plusieurs fois).

a. Он пьёт молоко из (стакан) → ....

b. Здесь нет (зеркала) → ....

c. У нас осталось совсем мало (мука) → ....

d. Дай мне, пожалуйста, (вода) → ....

e. Она возвращается из (школа) → ....

10 Choisissez la bonne préposition pour les expressions suivantes (vous pouvez les combiner), puis traduisez-les.

из   у   у   у   без   без   до   с

a. ...... страха глаза велики. → ....

b. Нет дыма ...... огня. → ....

c. ...... него язык ...... костей. → ....

d. ...... глаз долой – ...... сердца вон. → ....

e. ...... свадьбы заживёт. → ....

f. Вор ...... вора дубинку украл. → ....

Bravo, vous êtes venu à bout du chapitre 2 ! Il est maintenant temps de comptabiliser les icônes et de reporter le résultat en page 128 pour l'évaluation finale.

3
Le datif.
Les structures impersonnelles

Le datif singulier

Le datif est un cas de l'attribution. Il s'utilise également après certaines prépositions.

	SINGULIER		
	Nominatif кто? что?	Datif кому? чему?	Terminaison
Masculin, neutre	жира́ф, *girafe* коне́ц, *bout* нож, *couteau* окно́, *fenêtre* не́бо, *ciel*	жира́фу концу́ ножу́ окну́ не́бу	-у
	рубль, *rouble* музе́й, *musée* день, *jour* мо́ре, *mer* зда́ние, *bâtiment*	рублю́ музе́ю дню мо́рю зда́нию	-ю
Féminin	ма́ма, *maman* река́, *rivière* ло́жа, *loge* нога́, *jambe* тётя, *tante* до́ля, *part*	ма́ме реке́ ло́же ноге́ тёте до́ле	-е
	крова́ть, *lit*	крова́ти	-и
	ста́нция, *station*	ста́нции	-ии
	мать, *mère* дочь, *fille* вре́мя, *temps*	ма́тери до́чери вре́мени	irrégulier

CHAPITRE 3 : LE DATIF – LES STRUCTURES IMPERSONNELLES

❶ Traduisez le dialogue ci-dessous et soulignez le datif des noms et des pronoms.

– Ты отдала своему брату все наши деньги!

→ ....

– Я уже сказала тебе, что он всё нам вернёт, не волнуйся.

→ ....

– Почему ты уверена, что он тебе их отдаст?

→ ....

– Он дал слово маме, а ещё он объяснил нашим родителям кое-что, поэтому я совершенно спокойна.

→ ....

....

– И что же он вам объяснил?

→ ....

– А то, что сегодня он будет играть в лото и обязательно выиграет!

→ ....

❷ Écrivez les mots entre parenthèses au datif singulier.

a. Звонить (брат) → ....

b. Дать (соседка) → ....

c. Дарить (муж) → ....

d. Сказать (дочь) → ....

e. Предложить (дядя) → ....

f. Доверять чужому (мнение) → ....

g. Лгать (отец) → ....

h. Поручить (Мария) → ....

❸ Choisissez la terminaison du datif qui convient : -е ou -и.

a. станция – станци_

b. тётя – тёт_

c. путь – пут_

d. кровать – крoват_

e. вина – вин_

f. воля – вол_

g. конституция – конституци_

h. площадь – площад_

CHAPITRE 3 : LE DATIF – LES STRUCTURES IMPERSONNELLES

Le datif pluriel

		PLURIEL		
	Nominatif кто? что?	Nominatif Pluriel - Datif кому? чему?		Terminaison
Masculin, Féminin, Neutre	карма́н, *poche* оте́ц, *père* плащ, *imperméable* нож, *couteau* ключ, *clé* сестра́, *sœur* нога́, *jambe* вещь, *chose* о́зеро, *lac*	карма́ны - карма́нам отцы́ - отца́м плащи́ - плаща́м ножи́ -ножа́м ключи́ - ключа́м сёстры - сёстрам но́ги - нога́м ве́щи - веща́м озёра - озёрам		-ам
	дождь, *pluie* музе́й, *musée* ге́ний, *génie* земля́, *terre* боль, *douleur* мо́ре, *mer* мне́ние, *opinion*	дожди́ - дождя́м музе́и - музе́ям ге́нии - ге́ниям зе́мли - зе́млям бо́ли - бо́лям моря́ - моря́м мне́ния - мне́ниям		-ям
	де́рево, *arbre* ребёнок, *enfant* сын, *fils* вре́мя, *temps* челове́к, *homme*	дере́вья - дере́вьям де́ти - де́тям сыновья́ - сыновья́м времена́ - времена́м лю́ди - лю́дям		irrégulier

4 Mettez les mots suivants au datif pluriel.

a. олени, *cerfs* → ....

b. плечи, *épaules* → ....

c. моря, *mers* → ....

d. ключи, *clés* → ....

e. тетради, *cahiers* → ....

f. идеи, *idées* → ....

g. львы, *lions* → ....

h. собаки, *chiens* → ....

CHAPITRE 3 : LE DATIF – LES STRUCTURES IMPERSONNELLES

5. Reliez les deux parties de la phrase.

a. Учитель объясняет задание •   • 1. своему новому другу.
b. Лидия звонит •   • 2. бабушке на Дальний Восток.
c. Олег дарит подарок •   • 3. своему ученику.
d. Они аплодируют •   • 4. известной скрипачке.
e. Валя посылает телеграмму своей •   • 5. Оксане на день рождения.

Les structures impersonnelles

Le datif participe à la formation des structures impersonnelles.
Par exemple : **Мне холодно, а тебе?** → *J'ai froid, et toi ?*

6. Composez des phrases avec les mots proposés en suivant l'exemple puis traduisez-les.
ex. Таня, Олег, холодно → Тане и Олегу холодно. *Tania et Oleg ont froid.*

a. Дети, страшно → ....
→ ....

b. Сколько, лет, учитель? → ....
→ ....

c. Собака, кот, жарко → ....
→ ....

d. Мальчики, больно → ....
→ ....

e. Саша, грустно → ....
→ ....

f. Друзья, весело → ....
→ ....

g. Я, ты, хорошо → ....
→ ....

CHAPITRE 3 : LE DATIF – LES STRUCTURES IMPERSONNELLES

Le datif des adjectifs

SINGULIER			
	Nominatif какой? какая? какое?	Datif какому? какой?	Terminaison
Durs et aussi en cas d'incompatibilité orthographique (après -г, -к, -х)	тёмный, *sombre* éдкий, *âcre* тёмное / éдкое	тёмному éдкому	-ому
	тёмная / éдкая	тёмной éдкой	-ой
Mous et aussi après chuintante, dans la terminaison non accentuée	си́ний, *bleu* хоро́ший, *bon* си́нее / хоро́шее	си́нему хоро́шему	-ему
	си́няя / хоро́шая	си́ней хоро́шей	-ей
Après chuintante, terminaison accentuée	большо́й, *grand* большо́е	большо́му	-о́му
	больша́я	большо́й	-о́й

PLURIEL			
	Nominatif какие?	Datif каким?	Terminaison
Durs	тёмные	тёмным	-ым
Mous	хоро́шие éдкие больши́е	хоро́шим éдким больши́м	-им

 7 Remplissez le tableau d'après l'exemple.

Какой, Какая, Какое, Какие / Кто, Что	Какому, Какой, Каким / Кому, Чему
ex. Большо́й мальчик, *grand garçon*	Большо́му мальчику
Лу́чший друг, *meilleur ami*	
Ва́жный гость, *invité important*	
У́мные братья, *frères intelligents*	

CHAPITRE 3 : LE DATIF – LES STRUCTURES IMPERSONNELLES

Сиамская кошка, *chat siamois*	
Отличные новости, *excellentes nouvelles*	
Редкое качество, *qualité rare*	
Хороший товарищ, *bon camarade*	
Неожиданная встреча, *rencontre inattendue*	
Сложные обстоятельства, *circonstances difficiles*	
Младшая дочь, *fille cadette*	
Летняя ночь, *nuit d'été*	

 Accordez le nom et l'adjectif au datif.

a. Доктор читает рецепт своему (новый пациент).
→ *Le docteur lit la prescription à son nouveau patient.*
→ ....

b. Парень принёс цветы (пожилая женщина).
→ *Le jeune homme a apporté des fleurs à une femme âgée.*
→ ....

c. В магазине не продают спиртное (маленькие дети).
→ *Au magasin, on ne vend pas d'alcool aux enfants.*
→ ....

d. Я всё рассказала своей (близкая подруга).
→ *J'ai tout raconté à mon amie proche.*
→ ....

e. Сёстры посвятили вечер (домашнее задание).
→ *Les sœurs ont consacré la soirée à faire leurs devoirs à la maison.*
→ ....

f. Папа отдал свою машину (старшие сыновья).
→ *Papa a donné sa voiture aux fils aînés.*
→ ....

g. Он купил корм своему (белый конь).
→ *Il a acheté du fourrage à son cheval blanc.*
→ ....

CHAPITRE 3 : LE DATIF – LES STRUCTURES IMPERSONNELLES

9 Entourez la bonne forme au datif.

a.	1. слову	2. коте	3. кота
b.	1. стоге	2. газа	3. руке
c.	1. волосем	2. отецам	3. дням
d.	1. итоге	2. любви	3. времю
e.	1. чистоте	2. щеку	3. лицю
f.	1. брюкям	2. очкам	3. сумерки
g.	1. дочери	2. другам	3. ребёнку
h.	1. книга	2. печати	3. муху

10 Répondez aux questions suivantes en accordant l'adjectif au datif.

a. – Почему дети дрожат? – Я не знаю, почему (дети) холодно.

→ ....

b. – Почему Таня смеётся? – Я не знаю, почему (Таня) смешно.

→ ....

c. – Почему Юрий грустный? – Я не знаю, почему (Юрий) грустно.

→ ....

11 Complétez ce texte avec les mots de la liste.

подарков   брату   рад   рождения   довольна   ему
младшему   поцеловала   Наташе   подарили   тоже

Сегодня у Наташи день .... Ей .... много ....
Она очень .... , а её .... Андрею грустно,
потому что ему .... хочется подарков. .... стало его жаль,
она .... его в щёку и подарила .... одну из своих книг.
Теперь Андрей тоже ....

Bravo, vous êtes venu à bout du chapitre 3 ! Il est maintenant temps de comptabiliser les icônes et de reporter le résultat en page 128 pour l'évaluation finale.

4
L'accusatif et le locatif

L'emploi de l'accusatif

L'accusatif est un cas du complément d'objet direct : **я вижу стол** ➡ *Je vois une table*. Mais on l'utilise également pour situer un événement par rapport à un jour de la semaine, ainsi que pour indiquer l'endroit vers lequel on se dirige : **в пятницу**, *vendredi* ; **он идёт в школу** ➡ *Il va à l'école*.

SINGULIER			
	Nominatif кто? что?	Accusatif кого? что?	Terminaison
Masculin animé	жира́ф, *girafe* оте́ц, *père*	жира́фа отца́	forme du génitif
	па́па, *papa*	па́пу	**-у**
	дя́дя, *oncle*	дя́дю	**-ю**
Masculin et neutre inanimés	рубль, *rouble* лоб, *front* музе́й, *musée* день, *jour* мо́ре, *mer* зда́ние, *bâtiment*	рубль лоб музе́й день мо́ре зда́ние	forme du nominatif
Féminin	зима́, *hiver* река́, *rivière* кни́га, *livre*	зи́му ре́ку кни́гу	**-у**
	во́ля, *liberté*	во́лю	**-ю**
	на́ция, *nation*	на́цию	**-ию**
	мать, *mère* крова́ть, *lit*	мать крова́ть	forme du nominatif

CHAPITRE 4 : L'ACCUSATIF ET LE LOCATIF

1 Écrivez la forme entre parenthèses à l'accusatif.

a. Что ты видишь? – Я вижу (море) ....
b. Кого ты любишь? – Я люблю свою (сестра) ....
c. Что тебе подарили? – Мне подарили (велосипед) ....
d. Кого ты встретил? – Я встретил (отец) ....
e. Кого ей купили? – Ей купили (кошка) и (попугай) ....
f. Что вам дали? – Нам дали (лекарство) ....

L'accusatif pluriel

	PLURIEL		
	Nominatif кто? что?	Nominatif pluriel/Accusatif кого? что?	Terminaison
Masculin et féminin animés	актёр, *acteur* отéц, *père* пáпа, *papa* дáма, *dame* певи́ца, *chanteuse* мать, *mère*	актёры - актёров отцы́ - отцо́в пáпы - пап дáмы - дам певи́цы - певи́ц мáтери - матерéй	forme du génitif
Masculin, féminin et neutre inanimés	рубль, *rouble* стул, *chaise* музéй, *musée* день, *jour* газéта, *journal* рекá, *rivière* тетрáдь, *cahier* мóре, *mer* здáние, *bâtiment* дéрево, *arbre*	рубли́ - рубли́ сту́лья - сту́лья музéи - музéи дни - дни газéты - газéты рéки - рéки тетрáди - тетрáди моря́ - моря́ здáния - здáния дерéвья - дерéвья	forme du nominatif

2 Transformez l'accusatif singulier en accusatif pluriel.

a. учителя → ....
b. руку → ....
c. дерево → ....
d. глаз → ....
e. героя → ....
f. музей → ....
g. птицу → ....
h. станцию → ....
i. окно → ....

CHAPITRE 4 : L'ACCUSATIF ET LE LOCATIF

3 Placez les produits dans les bons paniers en les triant par le cas (datif, génitif et accusatif). Puis traduisez les mots.

a. кабачка • **b.** сливе • **c.** колбасу • **d.** молоко • **e.** помидора • **f.** огурцу
g. клубнике • **h.** рыбы • **i.** майонез • **j.** икры • **k.** варенье • **l.** маслу

DATIF	GÉNITIF	ACCUSATIF

Rappel…

- L'accusatif singulier et pluriel des adjectifs masculins et neutres ainsi que les féminins pluriels prennent la forme du nominatif pour les inanimés et celle du génitif pour les animés.

- Au singulier, les féminins durs prennent la terminaison **-ую** et les féminins mous **-юю**.

4 Accordez les noms et les adjectifs entre parenthèses à l'accusatif.

a. Вы видели мою (новая невеста)? *Avez-vous vu ma nouvelle fiancée ?*
→ ....

b. Где ты купил (такие спелые бананы)? *Où as-tu acheté des bananes aussi mûres ?*
→ ....

c. Он делает (головокружительная карьера). *Il fait une carrière vertigineuse.*
→ ....

d. Ты знаешь его (лучшие друзья)? *Connais-tu ses meilleurs amis ?*
→ ....

e. Папа готовит (вкусная рыба)? *Papa prépare un poisson délicieux.*
→ ....

f. Мы встретили его (российский партнёр). *Nous avons rencontré son partenaire russe.*
→ ....

CHAPITRE 4 : L'ACCUSATIF ET LE LOCATIF

L'emploi du locatif

Si pour indiquer le lieu vers lequel on se dirige on utilise l'accusatif, pour indiquer l'endroit où l'on se trouve, on utilisera le locatif. On l'appelle parfois le prépositionnel, car ce cas s'utilise toujours avec une préposition.

On utilise le locatif également pour indiquer le moyen de locomotion.

Certaines prépositions nécessitent l'utilisation du locatif sans avoir cette notion d'espace.

SINGULIER			
	Nominatif кто? что?	Locatif где? (о) ком? чём?	Terminaison
Masculin, féminin et neutre	стул, *chaise* корабль, *bateau* музей, *musée* река, *rivière* книга, *livre* картина, *tableau* семья, *famille* машина, *voiture* одеяло, *couverture* море, *mer*	стуле корабле музее реке книге картине семье машине одеяле море	-е
Masculin	аэропорт, *aéroport* сад, *jardin* лес, *forêt* угол, *coin* год, *an* шкаф, *armoire* берег, *rive* мост, *pont* пол, *sol* нос, *nez*	аэропорту саду лесу углу году шкафу берегу мосту полу носу	-у
Féminin	кровать, *lit* площадь, *place*	кровати площади	-и
	гений, *génie* станция, *station* здание, *bâtiment*	гении станции здании	-ии
	мать, *mère* время, *temps*	матери времени	irrégulier

CHAPITRE 4 : L'ACCUSATIF ET LE LOCATIF

5 Reliez les réponses aux bonnes questions.

a. Я иду в больницу.
b. Он в библиотеке.
c. Ты в музей?
d. Мы сидим в ресторане.
e. Дети в школе.
f. Поставь бутылку на стол.

• КУДА? •

• ГДЕ? •

g. Машина стоит на мосту.
h. Они едут в аэропорт.
i. Дети играют на берегу.
j. Поезд уже на станции.
k. Он лезет на дерево.
l. Положи ключи в ящик.

Le locatif pluriel

	Nominatif кто? что?	Locatif где? (о) ком? чём?	Terminaison
Noms durs	актёр, *acteur* стол, *chaise* отéц, *père* газéта, *journal* мечтá, *rêve* книга, *livre*	актёры - актёрах столы́ - столáх отцы́ - отцáх газéты - газéтах мечты́ - мечтáх книги - книгах	-ах
Noms mous	рубль, *rouble* стул, *chaise* музéй, *musée* плóщадь, *place* мать, *mère* мóре, *mer* здáние, *bâtiment*	рубли́ - рубля́х сту́лья - сту́льях музéи - музéях плóщади - площадя́х мáтери - матеря́х моря́ - моря́х здáния - здáниях	-ях
	дéрево, *arbre*	дерéвья - дерéвьях	irrégulier

6 Complétez la phrase en mettant le mot entre parenthèses au locatif.

a. Её внуки учатся в (университет).
→ ....

b. В (страны) Африки жарко.
→ ....

CHAPITRE 4 : L'ACCUSATIF ET LE LOCATIF

c. В (река) много рыбы.
→ ....

d. Парк утопал в (лучи) солнца.
→ ....

e. В (библиотеки) очень много книг.
→ ....

f. Давай пообедаем вместе в этом (ресторан).
→ ....

g. В (дома) на нашей (улица) нет света.
→ ....

h. На (поля) созрел урожай.
→ ....

i. В (филармония) сегодня концерт.
→ ....

j. На их (лица) читалось замешательство.
→ ....

7 Complétez la phrase en mettant le moyen de locomotion à la forme correcte.

a. Юля ездит в университет на .... метро
b. Олег боится летать на .... самолёт
c. Тоня катается на .... самокат
d. Рома плывёт на .... корабль
e. Лука всегда ездит на .... автобус
f. Валя едет в Москву на .... поезд
g. Юра ездит на .... мотоцикл
h. Витя часто ездит на .... такси
i. Таня любит кататься на .... велосипед
j. Серёжа никогда не ездил на .... трамвай
k. Надя часто ездит на .... троллейбус
l. Вера плывёт на .... лодка

CHAPITRE 4 : L'ACCUSATIF ET LE LOCATIF

 Choisissez entre l'accusatif et le locatif et rayez le mot incorrect.

a. Летом мы ездим в деревне / деревню.
b. Я была на встрече / встречу.
c. Мы сидим на лавочке / лавочку.
d. Вы идёте в магазине / магазин.
e. Космонавты летят на Луне / Луну.
f. Занятия проходят в этой аудитории / аудиторию.
g. Книга лежит на полке / полку.
h. Они заходят в автобусе / автобус.
i. В углу / угол стоит шкаф.
j. Он ходит в консерватории / консерваторию.

Le locatif des adjectifs

	SINGULIER		
	Nominatif какой? какая? какое?	Locatif каком? какой?	Terminaison
Adjectifs durs et aussi en cas d'incompatibilité orthographique (après -г, -к, -х)	тёмный, *sombre* éдкий, *âcre* тёмное / éдкое	тёмном éдком	**-ом**
	тёмная / éдкая	тёмной éдкой	**-ой**
Adjectifs mous et aussi après chuintante, dans la terminaison non accentuée	сúний, *bleu* хорóший, *bon* сúнее / хорóшее	сúнем хорóшем	**-ем**
	сúняя / хорóшая	сúней хорóшей	**-ей**
Après chuintante, terminaison accentuée	большóй, *grand* большóе	большóм	**-óм**
	большáя	большóй	**-óй**
	PLURIEL		
	Nominatif какие?	Locatif каких?	Terminaison
Durs	тёмные	тёмных	**-ых**
Mous	хорóшие éдкие большúе	хорóших éдких большúх	**-их**

CHAPITRE 4 : L'ACCUSATIF ET LE LOCATIF

 9 Ajoutez les éléments manquants au tableau (écrivez sur une feuille à part pour avoir plus de place).

Какой, Какая, Какое, Какие / Кто, Что	Accusatif	Locatif
Тихая улица, *rue calme*	Из окна я вижу …………………	Я живу ………………… тихой …………………
Большое здание, *grand bâtiment*	Они купили большое …………………	Он работает в …………………
Сложные книги, *livres difficiles*	Дети читают ………………… книги.	В сложных ………………… мало картинок.
Приятная атмосфера, *ambiance agréable*	Люблю эту ………………… атмосферу.	Расслабляйся в этой …………………
Редкие качества, *qualités rares*	Не потеряй свои редкие …………………	Я слышала о его ………………… качествах.
Интересный спектакль, *spectacle intéressant*	Я иду на …………………	Он был на ………………… спектакле.
Сибирские морозы, *froid(s) sibérien(s)*	Они попали в сибирские …………………	Ты слышал о сибирских …………………?
Продуктовый рынок, *marché alimentaire*	Пойдём ………… продуктовый …………?	Купи колбасы на продуктовом …………
Тропический лес, *forêt tropicale*	Она направляется ………………… тропический …………………	Учёные потерялись ………………… тропическом …………………
Бурый медведь, *ours brun*	Я видел ………………… зоопарке.	Она катается на …………………
Широкие площади, *larges places*	Они выбирали самые …………………	Митинги всегда ………………… широких …………………

 10 Choisissez entre -е et -и.

a. заботиться о матер_

b. писать в тетрад_

c. труба на крыш_

d. спросить о здоровь_

e. скакать на лошад_

f. позвонить мам_

g. быть в здани_

h. отдыхать на побережь_

i. ехать на машин_

j. сидеть на лекци_

k. купаться в мор_

l. лежать на кроват_

m. говорить о хокке_

Bravo, vous êtes venu à bout du chapitre 4 ! Il est maintenant temps de comptabiliser les icônes et de reporter le résultat en page 128 pour l'évaluation finale.

L'instrumental.
Les noms à déclinaison particulière

L'instrumental

L'instrumental est le cas circonstanciel de moyen. On l'utilise pour indiquer le moyen de l'action, mais également après certaines prépositions. Quelques verbes nécessitent également l'emploi de l'instrumental : **быть** (quand le mot qui le suit indique une occupation ou un métier), **работать**, **стать**.

	SINGULIER		
	Nominatif кто? что?	Instrumental кем? чем?	Terminaison
Masculins et neutres durs	конéц, *fin* бéрег, *rive* сад, *jardin* одеяло, *couverture* ключ, *clé* врач, *médecin* нож, *couteau*	концóм бéрегом сáдом одеялом ключóм врачóм ножóм	-ом
Masculins et neutres mous et aussi après chuintante (terminaison non accentuée)	музéй, *musée* кóрень, *racine* муж, *mari* мóре, *mer* здáние, *bâtiment*	музéем кóрнем мýжем мóрем здáнием	-ем
Terminaison accentuée	корáбль, *bateau*	кораблём	-ём
Féminins durs	машúна, *voiture* картúна, *tableau* рукá, *main*	машúной картúной рукóй	-ой
Féminins mous et en chuintante	гúря, *poids* ситуáция, *situation* кóжа, *peau* ýлица, *rue* сдáча, *monnaie*	гúрей ситуáцией кóжей ýлицей сдáчей	-ей
	плóщадь, *place* ночь, *nuit*	плóщадью нóчью	-ю

CHAPITRE 5 : L'INSTRUMENTAL – LES NOMS À DÉCLINAISON PARTICULIÈRE

1 Complétez avec les terminaisons de l'instrumental.

a. студент ➔ студент......
b. книга ➔ книг......
c. корень ➔ корн......
d. счастье ➔ счаст......
e. муж ➔ муж......
f. река ➔ рек......
g. пень ➔ пн......
h. боль ➔ боль......
i. нож ➔ нож......
j. окно ➔ окн......
k. муха ➔ мух......
l. кожа ➔ кож......

2 Accordez les noms entre parenthèses à l'instrumental.

a. Когда я вырасту, я стану (врач). ➔ ....
b. Не будь (ребёнок)! ➔ ....
c. Дети занимаются (музыка). ➔ ....
d. Он работает (учитель). ➔ ....
e. Елена была (няня). ➔ ....
f. Не стань моим (враг). ➔ ....
g. Моя мама работает (медсестра). ➔ ....

3 Qui fait l'action et avec quoi ? Choisissez les mots de la liste et mettez-les à l'instrumental.

молоток   лопата   кисть   ручка   стетоскоп
метла   карандаш   помада   гребень

a. Художник рисует ....
b. Девушка красит губы ....
c. Рабочий забивает гвоздь ....
d. Учитель пишет ....
e. Таня причёсывается ....
f. Архитектор чертит чертёж ....
g. Ребёнок роет яму ....
h. Дворник метёт двор ....
i. Доктор пользуется ....

CHAPITRE 5 : L'INSTRUMENTAL – LES NOMS À DÉCLINAISON PARTICULIÈRE

L'instrumental pluriel

PLURIEL			
	Nominatif кто? что?	Instrumental кем? чем?	Terminaison
Noms durs	актёр, *acteur* кот, *chat* отéц, *père* газéта, *journal* лýжа, *flaque* кнúга, *livre* окнó, *fenêtre*	актёры - актёрами котьí - котáми отцьí - отцáми газéты - газéтами лýжа - лýжами кнúги - кнúгами óкна - óкнами	**-ами**
Noms mous	рубль, *rouble* музéй, *musée* мать, *mère* недéля, *semaine* мóре, *mer* задáние, *devoir* дéрево, *arbre*	рублú - рублями музéи - музéями мáтери - матерями недéли - недéлями моря - морями задáния - задáниями дерéвья - дерéвьями	**-ями**

4 Mettez les mots en gras à l'instrumental.

a. Богатые люди покупают **вещи**, а потом легко расстаются с этими ....

b. Макс очень любит **людей**. Познакомь его с этими ....

c. У меня есть **рубли**. – Хорошо, расплатитесь ....

d. Таня доверяет своим **соседям**, поэтому она всегда советуется с ....

e. Я купила **помидоры**. Давай сделаем салат с ....

f. У него в руках **книги**. Куда он идёт с этими ....

g. Он купил несколько **ковров** и теперь покрывает все полы ....

CHAPITRE 5 : L'INSTRUMENTAL – LES NOMS À DÉCLINAISON PARTICULIÈRE

5 Reliez ce que l'on peut manger et boire ensemble. Puis accordez les mots à l'instrumental.

a. Пить чай с
b. Есть борщ с
c. Делать салат с
d. Готовить подливу с
e. Печь торт с

1. огурцы ....
2. клубника ....
3. конфеты ....
4. мясо ....
5. хлеб ....

L'instrumental des adjectifs

SINGULIER			
	Nominatif какой? какая? какое?	Instrumental каким? какой?	Terminaison
Durs et en cas d'incompatibilité orthographique pour le masculin et neutre (après -г, -к, -х)	ста́рый, *vieux* ста́рое	ста́рым	-ым
	ста́рая сла́дкая	ста́рой сла́дкой	-ой
Mous et aussi après chuintante et en cas d'incompatibilité orthographique pour le féminin (après -г, -к, -х)	ле́тний, *estival* хоро́ший, *bon* сла́дкий, *sucré* ле́тнее / хоро́шее / сла́дкое	ле́тним хоро́шим сла́дким	-им
	си́ний, *bleu* си́няя / хоро́шая	си́ней хоро́шей	-ей

PLURIEL			
	Nominatif какие?	Instrumental какими?	Terminaison
Durs	ста́рые	ста́рыми	-ыми
Mous ou en cas d'incompatibilité orthographique	хоро́шие ле́тние сла́дкие больши́е	хоро́шими ле́тними сла́дкими больши́ми	-ими

CHAPITRE 5 : L'INSTRUMENTAL – LES NOMS À DÉCLINAISON PARTICULIÈRE

6 Accordez les mots entre parenthèses à l'instrumental.

a. Они разговаривают с (маленькие дети). *Ils parlent aux petits enfants.*
→ ....

b. Угощайтесь (сладкие пирожки). *Régalez-vous de petits pâtés sucrés.*
→ ....

c. Здесь мало людей с (хороший вкус). *Ici, il y a peu de gens avec un bon goût.*
→ ....

d. Я познакомлю вас с моей (младшая сестра). *Je vous présenterai à ma sœur cadette.*
→ ....

e. Вы ещё пользуетесь этим (старое кресло)? *Vous utilisez encore ce vieux fauteuil ?*
→ ....

f. Квартиру украсили (мягкая мебель). *L'appartement a été décoré avec des meubles rembourr*
→ ....

7 Terminez les phrases en mettant les mots entre parenthèses à la bonne forme. Ajoutez des prépositions s'il le faut.

ex. : Ольга встретилась (брат, кино)
→ Ольга встретилась с братом в кино.

a. Татьяна познакомилась (Катя, работа) → ....
b. Лена занимается (лучший, преподаватель) → ....
c. Служащие решили (проблема, менеджер) → ....
d. Лидия заполнила анкету (синяя, ручка) → ....

Rappel...

10 mots neutres se terminant en **-мя** ont une déclinaison particulière. Il s'agit des mots suivants : **бремя, время, вымя, знамя, имя, пламя, племя, семя, стремя, темя.**

	Singulier	Pluriel
Nominatif	врéмя	временá
Génitif	врéмени	времён
Datif	врéмени	временáм
Accusatif	врéмя (N=A)	временá (N=A)
Instrumental	врéменем	временáми
Locatif	врéмени	временáх

CHAPITRE 5 : L'INSTRUMENTAL – LES NOMS À DÉCLINAISON PARTICULIÈRE

8 Choisissez la forme correcte.

a. Простите, но у меня нет … ➜ *Pardon, mais je n'ai pas de temps.*
   1. время   2. времени   3. времи
b. Вы знаете … этих детей ? ➜ *Connaissez-vous les noms de ces enfants ?*
   1. ими   2. имены   3. имена
c. Они посеяли … ➜ *Ils ont fait des semences.*
   1. семян   2. семена   3. семи
d. У этого полка много … ➜ *Ce régiment a beaucoup de drapeaux.*
   1. знамени   2. знамён   3. знамя
e. В этой деревне живут несколько … ➜ *Dans ce village vivent plusieurs tribus.*
   1. племён   2. племеней   3. племена

Les adjectifs substantivés et les noms propres à terminaisons adjectivales

En russe, beaucoup de noms sont dérivés des adjectifs. Par exemple : **учёный, ванная, столовая, сказуемое**. Ces noms se déclinent de la même façon que les adjectifs. Il en est de même pour les noms propres en **ий, ая, ой** : Луговой, Слуцкая, Рудковский.

9 Soulignez les noms dans la liste suivante. Puis choisissez parmi ces noms pour compléter les phrases en les accordant avec le bon cas.

булочная   синий   второй   рабочий   часовой   резвый   столовая   тихое
ванная   насекомое   жаркая   жаркое   больной   странный   нищий

a. .... дали ружьё и сказали не уходить с поста.

b. Купи, пожалуйста, хлеба в ....

c. В саду очень много ....

d. Ты будешь есть .... ?

e. Доктор внимательно осмотрел ....

f. Можешь помыть руки в ....

Bravo, vous êtes venu à bout du chapitre 5 ! Il est maintenant temps de comptabiliser les icônes et de reporter le résultat en page 128 pour l'évaluation finale.

Les remarques pour la déclinaison. Particularités des noms

Le génitif

Certains noms masculins peuvent avoir une deuxième forme de génitif en **-у** et **-ю**.

Il s'agit de noms désignant :

- la composition d'une matière ou d'une substance : **газ**, *gaz* ; **бархат**, *velours* ; **снег**, *neige* ; **чай**, *thé* ; **сахар**, *sucre* ; **шоколад**, *chocolat* ; **фарш**, *farce*, etc.
- des diminutifs : **уголь**, *charbon* – **уголёк** ; **суп**, *soupe* – **супчик** ; **огонь**, *flamme* – **огонёк**, etc.
- des notions abstraites liées à un état ou une action : **аппетит**, *appétit* ; **талант**, *talent* ; **порядок**, *ordre* ; **юмор**, *humour*, etc.
- une manifestation physique : **крик**, *cri* ; **смех**, *rire* ; **шум**, *bruit* ; **мороз**, *froid* ; **покой**, *calme*, etc.

- Attention, si le génitif ne s'utilise pas dans un sens quantitatif, alors, il faut utiliser la terminaison classique en **-а/-я**. Par exemple : **налей мне чая/чаю** ➜ *sers-moi du thé*, mais **вкус чая** ➜ *le goût du thé*.

- La langue actuelle privilégie l'emploi du génitif en **-а** et **-я** sauf dans certaines expressions. Parfois même, cette forme du génitif ne s'utilise que dans ces expressions où la terminaison en **-у/-ю** est obligatoire.

1 Retrouvez les expressions en choisissant le bon mot dans la liste.

духу **умолку** **пылу** **упаду** **жиру** **слуху** **жару** **году** **маху**

a. танцевать до ....
b. ни .... ни ....
c. говорить без ....
d. дать ....
e. без .... неделя
f. с .... беситься
g. с .... с ....

CHAPITRE 6 : LES REMARQUES POUR LA DÉCLINAISON – PARTICULARITÉS DES NOMS

Les masculins avec la terminaison zéro au génitif pluriel

Les masculins ont la terminaison zéro (Ø) au génitif pluriel dans les cas suivants :

- quand ils désignent une paire : **чулки**, *bas* – **чулок** ; **сапоги**, *bottes* – **сапог** (mais attention : **носки**, *chaussettes* – **носков**).
- quand ils désignent une nationalité dont la racine se termine en -**н** ou -**р** : **армяне**, *Arméniens* – **армян** ; **болгары**, *Bulgares* – **болгар**.
- quand ils désignent des unités militaires : **солдат**, *soldat* – **солдат** ; **партизан**, *partisan* – **партизан**.
- pour certaines unités de mesure : **ампер**, *ampère* – **ампер** ; **ватт**, *watt* – **ватт** (mais attention : **килограмм**, *kilo* – **килограммов**).

2 Mettez les noms suivants au génitif pluriel.

a. моря → ....   f. чулки → ....
b. носки → ....   g. люди → ....
c. сапоги → ....   h. девочки → ....
d. реки → ....   i. армяне → ....
e. мозги → ....   j. звери → ....

Le suffixe -ищ-

Le suffixe -**ищ**- porte l'idée d'une augmentation : **дом**, *maison* – **домище**, *énorme maison*. Les dérivés gardent le genre du mot initial.

Les noms masculins et neutres ayant dans leur terminaison le suffixe -**ищ**- ont un -**e** à la fin du mot au nominatif singulier, tandis que les féminins ont un -**a** : **ус**, *moustache* – **усище**, *énorme moustache* ; **рука**, *main* – **ручища**, *énorme main*.

Certains neutres ont le suffixe -**ищ**- sans avoir cette notion d'augmentation : **жилище**, *logement*.

3 Formez les mots à l'aide du suffixe –ищ– . Chaque case représente une lettre.

a. нос → ☐☐☐☐☐☐   e. пыль → ☐☐☐☐☐☐
b. яма → ☐☐☐☐☐   f. кот → ☐☐☐☐☐☐
c. город → ☐☐☐☐☐☐☐☐   g. нога → ☐☐☐☐☐☐
d. сила → ☐☐☐☐☐☐   h. лоб → ☐☐☐☐☐

CHAPITRE 6 : LES REMARQUES POUR LA DÉCLINAISON – PARTICULARITÉS DES NOMS

 Dans la liste suivante, repérez les mots qui portent la notion d'augmentation et retrouvez les mots neutres sur la base desquels ils ont été formés.

кладбище	болотище	туловище	прозвище	сокровище
…………	…………	…………	…………	…………
письмище	хранилище	чудовище	плечище	
…………	…………	…………	…………	

Les suffixes

D'autres suffixes marquent l'affection ou portent la notion de diminution (de taille, d'intensité, d'importance). Ces suffixes sont largement utilisés dans le langage pour transmettre la richesse des émotions ou pour donner une appréciation. En voici une liste non exhaustive :

- **-к-** souvent, on observe le changement de la consonne dans le mot : **нога**, *jambe* – **но<u>ж</u>ка**. Attention : pour les mots avec la base en **ня**, on écrit le signe mou s'il est marqué au génitif pluriel du mot initial : **няня** – **нянь** = **ня<u>нь</u>ка**, *nounou*, mais **песня** – **песе<u>н</u>** = **песе<u>н</u>ка**, *chansonnette*.

- **-ушк/ишк/ышк/юшк-** s'utilisent dans les mots des trois genres. Ce suffixe apporte parfois une note d'ironie. Les noms féminins et les masculins animés ont la terminaison **-а**, les inanimés masculins et neutres ont la terminaison **-о** : **кума**, *compère* – **кумушка** ; **сын**, *fils* – **сынишка** ; **ум**, *esprit* – **умишко** ; **город**, *ville* – **городишко** ; **перо**, *plume* – **пёрышко**.

- **-ик-** s'utilise quand le mot garde la voyelle au génitif : **ключ**, *clé* – **ключик** (**ключика**), **рот**, *bouche* – **ротик** (**ротика**).

- **-ек-** s'utilise quand le mot possède une voyelle mobile au génitif : **орех**, *noix* – **орешек** (**орешка**), **замок**, *cadenas* – **замочек** (**замочка**).

- **-ул-** s'utilise souvent dans les noms propres ou signifiants les liens de parenté : **мама**, *maman* – **мамуля** ; **дед**, *grand-père* – **дедуля** ; **Вика**, *Vika* – **Викуля** ; **сын**, *fils* – **сынуля**.

- **-ечк/еньк-** s'utilise si la racine se termine par une consonne suivie d'une voyelle molle ou par une chuintante : **семя**, *graine* – **семечко** ; **кольцо**, *anneau* – **колечко** ; **дочь**, *fille* – **доченька** ; **Маша**, *Macha* – **Машенька**.

- **-очк/оньк-** s'utilisent dans beaucoup de cas, entre autres, quand la racine se termine par une consonne : **мама**, *maman* – **мамочка** ; **роза**, *rose* – **розочка** ; **Вова**, *fille* – **Вовочка** ; **лиса**, *renard* – **лисонька**.

CHAPITRE 6 : LES REMARQUES POUR LA DÉCLINAISON – PARTICULARITÉS DES NOMS

5 Retrouvez le diminutif en ajoutant les lettres manquantes. Chaque trait correspond à une lettre.

a. стол → стол _ _
b. солнце → солны _ _ _
c. туча → туч _ _
d. мешок → мешоч _ _
e. вода → водич _ _
f. лоб → лоб _ _
g. щека → щёч _ _
h. страница → странич _ _

6 Choisissez la variante correcte.

a. носок, *chaussette*
   1. носочка
   2. носик
   3. носочек

b. книга, *livre*
   1. книжка
   2. книгка
   3. книжонок

c. человек, *homme*
   1. человечик
   2. человечек
   3. человек

d. воля, *liberté*
   1. волюшка
   2. воляшка
   3. волька

e. Рома, *Roma* (diminutif de Roman)
   1. Ромечка
   2. Ромочка
   3. Ромака

f. комар, *moustique*
   1. комаричек
   2. комарек
   3. комарик

g. машина, *voiture*
   1. машинека
   2. машенка
   3. машинка

h. стакан, *verre*
   1. стаканчик
   2. стаканка
   3. стаканечик

Les mots qui commencent par пол- et полу-

- **Полу-** s'écrit toujours en un seul mot : **полумрак**, *pénombre* ; **полугодие**, *semestre*.
- **Пол-** s'écrit avec un trait d'union :
  - s'il est suivi par une voyelle : **пол-яблока, пол-игры** ;
  - s'il est suivi par **л** : **пол-лимона, пол-леса** ;
  - s'il est suivi par un nom propre : **пол-Европы, пол-Москвы**.
- **Пол-** s'écrit tout seul s'il est suivi par un mot auquel il ne se rapporte pas : **пол зелёного яблока** (**пол** se rapporte à **яблоко**, *pomme*, et non au mot **зелёный**, *vert*)
- **Пол-** s'écrit en un seul mot s'il est suivi par une consonne : **полчаса**, *une demi-heure*.

CHAPITRE 6 : LES REMARQUES POUR LA DÉCLINAISON – PARTICULARITÉS DES NOMS

7 Triez les mots en les mettant dans la bonne enveloppe.

полу(?)бог   пол(?)этажа   пол(?)пятого   пол(?)организации
пол(?)России   пол(?)кружки   пол(?)школы   пол(?)ложки   пол(?)мира
пол(?)одиннадцатого   пол(?)апельсина   полу(?)финальный

EN UN SEUL MOT

AVEC UN TRAIT D'UNION

Le genre des noms, les cas particuliers

Masculins : **кофе**, *café* (boisson) ; **пенальти**, *pénalty* ; **торнадо**, *tornade* ; **бенгали**, *bengali* ; **кенгуру**, *kangourou* (généralement, tous les noms d'animaux qui font référence à la femelle sont féminins), etc.

Féminins : **цеце**, (mouche) *tsétsé* ; **авеню**, *avenue* ; **салями**, *salami* ; **иваси**, *sardine* ; **кольраби**, *choux raves*.

Neutres : **такси**, *taxi* ; **пальто**, *manteau* ; **рагу**, *ragoût* ; **жалюзи**, *store* (vénitien).

Un groupe de mots peut renvoyer à des personnes du féminin ainsi que du masculin : **неряха**, *souillon* ; **грязнуля**, *souillon* ; **соня**, *marmotte* (dormeur) ; **работяга**, *ouvrier* ; **пьяница**, *ivrogne* ; **протеже**, *protégé* ; **хиппи**, *hippie* ; **инкогнито**, *incognito*, etc.

Pour les mots venant de langues étrangères, leur genre dépend de la catégorie qui les définit. Par exemple : **Миссисипи**, *Mississippi*, est un mot féminin, car **река**, *fleuve* est féminin en russe. **Сочи**, *ville de Sotchi*, est un mot masculin, car **город**, *ville* est masculin en russe.

Et enfin, le genre de certains noms ne répond à aucune règle. Le plus simple est de les mémoriser. Ainsi, les mots suivants sont masculins : **шампунь**, *shampooing* ; **тюль**, *tulle* ; **рельс**, *rail* ; **рояль**, *piano* ; **аэрозоль**, *aérosol*, tandis que les mots suivants sont féminins : **ваниль**, *vanille* ; **вуаль**, *voile* ; **канифоль**, *colophane* ; **мозоль**, *ampoule* (au pied).

CHAPITRE 6 : LES REMARQUES POUR LA DÉCLINAISON – PARTICULARITÉS DES NOMS

8. Remplissez les blancs avec les bulles.

неряха · ножницы · брюки · рагу · кофе · кольраби · пальто · авеню

a. синие ....
b. чёрный ....
c. жуткий ....
d. широкая ....
e. вкусное ....
f. новое ....
g. острые ....
h. варёная ....

9. Vrai ou faux ? Indiquez le bon genre le cas échéant.

	VRAI	FAUX	
a. мозоль, *ampoule* > masculin	☐	☐	....
b. кофе, *café* > neutre	☐	☐	....
c. вуаль, *voile* > masculin	☐	☐	....
d. такси, *taxi* > féminin	☐	☐	....
e. шампунь, *shampooing* > masculin	☐	☐	....
f. тюль, *tulle* > féminin	☐	☐	....
g. дедуля, *grand-père* > masculin	☐	☐	....
h. нефть, *pétrole* > masculin	☐	☐	....

Le nombre des noms

Notez que les noms qui ne s'utilisent qu'au pluriel n'ont pas de genre : **брюки**, *pantalon* ; **очки**, *lunettes* ; **ножницы**, *ciseaux* ; **ворота**, *portail* ; **духи**, *parfum* ; **сутки**, *journée de 24 heures* ; **сливки**, *crème* (le mot **сливка**, *petite prune*, existe au singulier, mais il prend un tout autre sens).

Il existe également des mots qui ne s'utilisent qu'au singulier. Il s'agit des noms donnés aux ensembles d'objets, des noms désignant des substances, ou encore des noms caractérisant les actions : **студенчество**, *étudiants* ; **сырость**, *humidité* ; **беготня**, *agitation* ; **молодежь**, *jeunesse* ; **нефть**, *pétrole* ; **чистота**, *propreté* ; **листва**, *feuillage*.

CHAPITRE 6 : LES REMARQUES POUR LA DÉCLINAISON – PARTICULARITÉS DES NOMS

 Repérez les mots qui ne s'utilisent qu'au pluriel ou au singulier et placez-les dans la bonne colonne.

стол   мука   ножницы   дни   детство   лист   будни   карандаши
молодёжь   реки   духи   овца   румяна   мошкара   леса   родня
люди   нож   чернила   горе   поля   хлопоты   ходьба   пульт
очки   клавиши   каникулы   одеяло   листва

SINGULIER	PLURIEL

Bravo, vous êtes venu à bout du chapitre 6 ! Il est maintenant temps de comptabiliser les icônes et de reporter le résultat en page 128 pour l'évaluation finale.

Les pronoms personnels. Les adjectifs possessifs. Quelques règles orthographiques

Les pronoms personnels

Cas	1re personne		2e personne		3e personne	
	Singulier	Pluriel	Singulier	Pluriel	Singulier	Pluriel
N	я	мы	ты	вы	он, оно*, она	они
G, A	меня	нас	тебя	вас	(н)** его, (н) её	(н) их
D	мне	нам	тебе	вам	(н) ему, (н) ей	(н) им
I	мной	нами	тобой	вами	(н) им, (н) ей	(н) ими
L	(обо) мне	(о) нас	(о) тебе	(о) вас	(о) нём, ней	(н) них

* Le masculin **он** et le neutre **оно** ont les mêmes formes à tous les cas.
** La lettre **н** s'ajoute aux pronoms de la 3e personne s'ils suivent une préposition.

1 Choisissez la bonne forme en piochant dans le sac.

a. Я не видел .... уже год. Она сильно изменилась.
b. Отец разговаривает с ....
c. От .... уже давно нет новостей.
d. С детьми весело. С .... всегда надо что-то делать.
e. Предложи .... воды.
f. Они очень любят животных: у .... есть 4 кота.
g. Как .... зовут?
h. Татьяна много обо .... говорит.

вас неё
ним них мне
ними её
ему

CHAPITRE 7 : LES PRONOMS PERSONNELS – LES ADJECTIFS POSSESSIFS – QUELQUES RÈGLES ORTHOGRAPHIQUES

2 **Remplacez les mots en gras par un pronom personnel.**
ex. : Мы встретили **Оксану** в кино. – Мы встретили её в кино.

a. Я знаю **Олега** с детства. – Я знаю .... с детства.
b. Они познакомились с **Верой** в кафе. – Они познакомились с .... в кафе.
c. Мы ездили с **друзьями** в зоопарк. – Мы ездили с .... в зоопарк.
d. Она верит в **этого человека**. – Она в .... верит.
e. Расскажите нам о **бабушке**. – Расскажите нам о ....
f. Я горжусь **своими детьми**. – Я горжусь ....
g. Ты не видела **ключи**? – Ты .... не видела?
h. Вы едете к **родителям**? – Вы едете к .... ?

3 **Choisissez la bonne forme.**

a. Спроси у … сам.
   1. её   2. она   3. неё
b. Открой … дверь.
   1. нас   2. им   3. ним
c. Сходи с … туда.
   1. тебе   2. ей   3. ней
d. Я много слышал о … .
   1. тебе   2. тебя   3. тобой

e. … очень приятно.
   1. нам   2. нас   3. нами
f. Убеди … в этом!
   1. мной   2. они   3. их
g. Дай … денег.
   1. его   2. ей   3. её
h. Не могу без … .
   1. тебя   2. их   3. вами

Les pronoms possessifs

Les pronoms possessifs se déclinent aussi. Les tableaux ci-dessous regroupent les pronoms par type de déclinaison.

- Les possessifs **мой**, *mon* ; **твой**, *ton* ; **свой**, *son* se déclinent tout comme les possessifs pluriels, **наш**, *notre* et **ваш**, *votre* :

	Masculin, neutre	Féminin	Pluriel
N	мой, моё	моя	мои
G	моего	моей	моих
D	моему	моей	моим
A	N* ou G**	мою	N* ou G**
I	моим	моей	моими
L	моём	моей	моих

	Masculin, neutre	Féminin	Pluriel
N	наш, наше	наша	наши
G	нашего	нашей	наших
D	нашему	нашей	нашим
A	N* ou G**	нашу	N* ou G**
I	нашим	нашей	нашими
L	нашем	нашей	наших

*Pour un inanimé ** Pour un animé

CHAPITRE 7 : LES PRONOMS PERSONNELS – LES ADJECTIFS POSSESSIFS – QUELQUES RÈGLES ORTHOGRAPHIQUES

- Les possessifs de la 3ᵉ personne sont les mêmes pour tous les genres et pour tous les cas : **его**, **её**, **их**. Ils s'accordent toujours avec le sujet : **Это его кружка, его стакан, его приборы** → *C'est sa tasse, son verre, ses couverts.* Le possesseur est une personne du sexe masculin et le possessif ne change pas malgré le genre différent des trois objets possédés (**кружка** est féminin, **стакан** est masculin, **приборы** est pluriel).

4 Mettez le possessif entre parenthèses à la bonne forme et nommez le cas utilisé.

a. Отдай это (свой) брату. ....

b. Там были дети из (наша) школы. ....

c. Займитесь (свои) делами! ....

d. Ты слышал о (моя) дочери? ....

e. (Ваш) классу играть первым. ....

f. Восхищаюсь (его) мужеством. ....

g. Я уже видел (твоя) жену. ....

h. Ключи лежат в (мой) ящике. ....

5 Définissez le nombre et le genre (quand c'est possible) du possesseur de l'objet.

a. её зеркало .... d. мой велосипед ....

b. их стол .... e. твоя компания ....

c. его дети .... f. её туфли ....

6 Choisissez la forme correcte en entourant le bon mot.

a. Это **моя** / **мой** / **моё** рубашка.

b. Дети играют с **нашим** / **их** / **они** собакой.

c. Что ты видишь в **её** / **моём** / **нашем** глазах?

d. Возьми **мою** / **мой** / **мои** кошелёк в **мою** / **моя** / **моей** сумке.

e. Можно я обую **их** / **твой** / **свою** кроссовки?

f. Он всегда говорит о **своём** / **своей** / **своих** делах.

CHAPITRE 7 : LES PRONOMS PERSONNELS – LES ADJECTIFS POSSESSIFS – QUELQUES RÈGLES ORTHOGRAPHIQUES

Les règles de l'incompatibilité orthographique

On rencontre l'incompatibilité orthographique dans plusieurs cas :

- Après **ж**, **ч**, **ш** et **щ**, on écrit la lettre **и** (et non **ы**) : **жир**, *graisse* ; **жизнь**, *vie* ; **чин**, *grade* ; **шило**, *alêne* ; **широкий**, *large* ; **щит**, *bouclier*.

- À l'intérieur du mot (dans la racine) après **ц**, on écrit **и** (et non **ы**) : **цикл**, *cycle* ; **цирк**, *cirque* ; **цифра**, *chiffre*, etc.

Sauf les exceptions (et tous les mots avec la même racine) : **цыган**, *gitan* ; **цыплёнок**, *poussin* ; **на цыпочках**, *sur la pointe des pieds* ; **цыкнуть**, *dire chut* ; **цыц!**, *chut !* ; **цыганский**, *gitan* (adjectif) ; **цыплячий**, *de poulet* (adjectif), etc.

On peut réunir ces mots dans une phrase pour les retenir plus facilement : **Цыган встал на цыпочки и цыкнул на цыплёнка: «Цыц!»** ➜ *Le gitan s'est mis sur la pointe des pieds et a dit au poussin « chut ! »*

- En revanche, dans les terminaisons des noms et des adjectifs, on écrit **ы** après **ц** : **огурцы**, *concombres* ; **близнецы**, *jumeaux* ; **узколицый**, *à visage fin* ; **лисицын**, *de renard* (adjectif en **ын**).

7. Remplissez les carrés vides avec -и ou -ы.

a. синиц ☐
b. станц ☐ я
c. ц ☐ плятина
d. ц ☐ корий
e. ц ☐ ган
f. традиц ☐ и
g. ц ☐ ркуль
h. конц ☐
i. куц ☐ й
j. цариц ☐ н

8. Traduisez les mots suivants en complétant les cases vides.

a. *enregistrement* – регист ☐☐☐☐☐
b. *cycle* – ☐☐ кл
c. *prix* – ц ☐☐ а
d. *cynisme* – ц ☐☐☐☐ м
e. *poussin* – ☐☐☐ лёнок
f. *officiel* – офи ☐☐☐☐☐ ный
g. *révolution* – револ ☐☐☐☐
h. *cylindre* – ц ☐☐☐ ндр

Particularités du signe mou ь

Après **ж**, **ч**, **ш** et **щ**, on écrit le signe mou **ь** dans les cas suivants :

- À la fin de la forme infinitive des verbes : **жечь**, *brûler* ; **печь**, *cuire* ; **обжечься**, *se brûler*.

CHAPITRE 7 : LES PRONOMS PERSONNELS – LES ADJECTIFS POSSESSIFS – QUELQUES RÈGLES ORTHOGRAPHIQUES

- Dans les terminaisons des verbes à la 2ᵉ personne du singulier (au présent et au futur) et à l'impératif : **даёшь**, *tu donnes* ; **делаешь**, *tu fais* ; **смеёшься**, *tu ris* ; **режь**, *coupe !* ; **спрячьте**, *cachez !*
- À la fin des mots féminins se terminant en chuintante : **ночь**, *nuit* ; **вещь**, *chose* ; **мышь**, *souris*. Attention : les masculins n'ont pas de signe mou final : **мяч**, *balle* ; **нож**, *couteau* ; **плащ**, *imperméable*.
- À la fin des adverbes et des conjonctions : **настежь**, *grand ouvert* ; **лишь**, *seulement* ; **напрочь**, *complètement*. Attention : les adverbes **уж замуж невтерпёж**, (dont la traduction pourrait être : *on a vraiment envie de se marier*), n'ont pas de signe mou final. Il en est de même pour la particule **аж**, *même*, et la préposition **меж**, *entre*.

! Le signe mou ne s'écrit pas à la fin des génitifs féminins pluriel suivants : **луж**, (de **лужа**, *flaque*) ; **груш**, (de **груша**, *poire*) ; **куч**, (de **куча**, *tas*). Ni à la fin des adjectifs courts masculins : **хорош**, *beau* ; **могуч**, *fort*.

9 Mettez le signe mou à la fin des mots quand c'est nécessaire.

a. *bébé*, малыш......
b. *seigle*, рож......
c. *mange !* еш......
d. *frais*, свеж......
e. *petite monnaie*, мелоч......
f. *cri*, плач......
g. *cerceau*, обруч......
h. *pouvoir* (verbe), моч......
i. *tu entends*, слышиш......
j. *épée*, меч......

10 Retrouvez les mots qui se cachent derrière ces rébus et traduisez-les.

a. 7я

c. 100янка

e. ПО2Л

g. О5

b. КА

d. (РОНА)

f. Па '3ж

h. У '' Р

Bravo, vous êtes venu à bout du chapitre 7 ! Il est maintenant temps de comptabiliser les icônes et de reporter le résultat en page 128 pour l'évaluation finale.

8

Les adjectifs. Les adverbes. Le comparatif et le superlatif

Les adjectifs

On peut diviser les adjectifs russes en trois groupes : les adjectifs qualitatifs, relationnels et ceux d'appartenance.

Le tableau ci-dessous permet de comparer les trois groupes d'après leurs caractéristiques principales :

Adjectifs qualitatifs	Adjectifs relationnels	Adjectifs d'appartenance
тихий, молодой, большой	завтрашний, русский, стеклянный	лисий, папин, щенячий
Répondent aux questions : какой? какая? какое? какие?	Répondent aux questions : какой? какая? какое? какие?	Répondent aux questions : чей? чья? чьё? чьи?
Se rapportent à des qualités concrètes pour des personnes ou des objets et dont la mesure peut varier (âge, couleur, poids, taille, qualités intrinsèques, aspect, etc.).	Se rapportent à des qualités concrètes pour des objets ou des actions dont la mesure ne peut pas varier (matière, temps, destination, etc.) ; expriment les relations des objets les uns aux autres.	Désignent l'appartenance de l'objet.
Possèdent une forme courte, un comparatif et un superlatif.	Ne possèdent pas de forme courte, de comparatif ni de superlatif.	Pas de forme courte, pas d'antonyme, pas de comparatif ni de superlatif.

Les adjectifs qualitatifs peuvent être accompagnés d'adverbes : **слишком**, *trop* ; **очень**, *très* ; **необыкновенно**, *extraordinairement*, etc. On peut également former un adjectif composé pour renforcer le sens : **красивый-красивый**, *très beau* ; **большой-большой**, *très grand*. La plupart des adjectifs qualitatifs peuvent prendre la particule négative **не-** et ainsi former un nouveau mot : **красивый** – **некрасивый**.

CHAPITRE 8 : LES ADJECTIFS – LES ADVERBES – LE COMPARATIF ET LE SUPERLATIF

1 Triez les adjectifs suivants en trois colonnes.

чёрный дедушкин старый еженедельный дешёвый собачий английский деревянный тяжёлый рыбий гордый кошачий прошлогодний соседский февральский

Adjectifs qualitatifs	Adjectifs relationnels	Adjectifs d'appartenance

Les adverbes

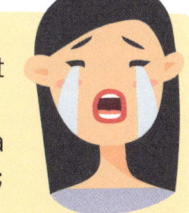

Les adverbes sont invariables, ils ne se déclinent et ne se conjuguent pas. Dans une phrase, ils s'associent :

- avec un verbe ou un gérondif pour marquer la spécificité ou la propriété d'une action : **расскажи вкратце** ➜ *raconte en bref* ; **тихо плакать** ➜ *pleurer doucement* ;
- avec un autre adverbe, un adjectif ou un participe : **слишком маленький** ➜ *trop petit* ; **очень хорошо** ➜ *très bien* ;
- plus rarement avec un nom pour le déterminer : **рубашка наизнанку** ➜ *chemise à l'envers.*

Ainsi, l'adverbe décrit les circonstances de temps, d'espace, de but, de cause et il définit les circonstances de l'action. Il répond aux questions suivantes : **как? когда? сколько? почему? для чего? куда? где?**, etc.

2 Utilisez le bon adverbe pour compléter la phrase.

назло быстро мало слишком справа утром давно шёпотом

a. Вы .... громко говорите!

b. .... был мороз, а теперь потеплело.

c. Говори, пожалуйста, ...: все спят.

d. .... от аптеки находится банкомат.

e. Он всё очень .... понял.

f. Ты это делаешь мне ....?

g. Мы уже .... знакомы.

h. У них всегда .... времени.

CHAPITRE 8 : LES ADJECTIFS – LES ADVERBES – LE COMPARATIF ET LE SUPERLATIF

L'écriture des adverbes

Les adverbes peuvent s'écrire en un seul mot, avec un trait d'union ou en plusieurs mots séparés. Voici quelques-uns des adverbes parmi les plus répandus.

- Les adverbes s'écrivant en un seul mot : **вблизи, вдобавок, вначале, вовсю, вообще, вскользь, вслед, вслепую, втридорога, докуда, досыта, задаром, заново, заодно, зачастую, извне, издалека, кверху, книзу, кстати, набок, наверное, наверняка, навсегда, нараспашку, наспех, наутёк, невзначай, невпопад, неоднократно, отсюда, оттуда, отчасти, отчего, поближе, повсюду, подряд, позавчера, помимо, поневоле, поровну, потому, сбоку, сгоряча, сдуру, сразу, тотчас, чересчур**, etc.

- Les adverbes s'écrivant avec un trait d'union :
    - Les adverbes commençants par **в-** et **во-** et formés sur la base des adjectifs ordinaux : **во-первых, в-третьих**, etc.
    - Les adverbes commençants par **по-** et formés des pronoms et adjectifs se terminant par **-ему, -ому, -ки, -ьи** : **по-моему, по-русски, по-царски, по-собачьи**.
    - Les adverbes indéfinis comportant les particules **кое-, -то, -либо, -нибудь, -таки** : **кое-кто, что-то, где-либо, что-нибудь, всё-таки**.

- Les adverbes s'écrivant en plusieurs mots :
    - Avec la préposition **в-** pour les adverbes commençant par une voyelle : **в упор**.
    - Avec les prépositions **без, до , на, с** : **с размаху**.
    - Quand le nom faisant partie du groupe adverbial a gardé au moins une forme déclinée : **на корточках, на корточки**.

3 Écrivez correctement les adverbes suivants.

a. (с)разбега .... h. (без)конца ....

b. (на)задворках .... i. (по)волчьи ....

c. (из)далека .... j. (в)одиночку ....

d. (по)твоему ....

e. (до)отвала ....

f. кому(то) ....

g. (не)впопад ....

CHAPITRE 8 : LES ADJECTIFS – LES ADVERBES – LE COMPARATIF ET LE SUPERLATIF

Adjectifs longs et courts

La forme longue de l'adjectif porte le genre, le nombre et elle se décline. Dans une phrase elle a un rôle d'épithète : **Он купил новую сумку.** → *Il a acheté un nouveau sac.* **Это очень хороший фильм.** → *C'est un très bon film.*

La forme courte porte le genre et le nombre, mais ne se décline pas. L'adjectif court répond aux questions **каков? какова? какого?** (l'accent est final dans les 3 questions). L'adjectif court a le rôle d'attribut dans une phrase : **Она необыкновенно хороша.** → *Elle est extraordinairement jolie.* **Он так стар!** → *Il est si vieux !*

La forme longue signifie généralement une qualité permanente du nom, tandis que la courte marque son aspect passager : **вечно больной – он болен** (seulement en ce moment). La forme longue exprimera une qualité en soi, tandis que la courte indiquera une qualité par rapport à quelque chose : **широкие брюки** → *un pantalon large* – **ей брюки широки** → *le pantalon lui est trop large*. La forme courte peut également souligner l'abondance ou l'excès d'une qualité : **молодая дама** → *une jeune dame* – **она очень молода** → *elle est très jeune.*

Certains adjectifs ne s'utilisent qu'à la forme courte : **рад, горазд, должен**, etc.

Attention au sens ! Par exemple : **бедный**, *pauvre* (qu'on plaint, qui suscite la pitié) n'a pas de forme courte. En revanche, lorsqu'il prend le sens de *pauvre* (sans moyen, nécessiteux), l'adjectif a une forme courte : **беден**.

4 Formez les adjectifs courts (au masculin singulier) quand c'est possible.

a. больной, *malade* ....
b. зелёный, *vert* (jeune) ....
c. металлический, *métallique* ....
d. резкий, *brusque* ....
e. волчий, *de loup* ....
f. быстрый, *rapide* ....
g. сильный, *fort* ....

5 Accordez les adjectifs entre parenthèses avec les noms.

a. (деревянный) кровать ....
b. (птичий) гнёзда ....
c. жена ему (верен) ....
d. (летний) жара ....
e. (божий) воля ....
f. фрукты (полезен) ....
g. (лебяжий) пух ....
h. (настоящий) удача ....
i. (зимний) свежесть ....

CHAPITRE 8 : LES ADJECTIFS – LES ADVERBES – LE COMPARATIF ET LE SUPERLATIF

Le comparatif des adjectifs et des adverbes

Le comparatif peut être simple (composé d'un seul mot formé moyennant le changement de la terminaison) ou composé (formé par plusieurs mots).

- Le comparatif composé est très facile à former : on ajoute les mots **более**, *plus* (pour le comparatif de supériorité) et **менее**, *moins* (pour le comparatif d'infériorité). Par exemple : **приятный**, *agréable*, **приятно**, *agréablement* – **более приятный**, *plus agréable*, **более приятно**, *plus agréablement* ; **менее приятный**, *moins agréable*, **менее приятно**, *moins agréablement*.

- Le comparatif simple est en réalité plus compliqué que le composé ! Il est formé à l'aide de la terminaison -**ее**. Ce sera d'ailleurs la même forme pour les adjectifs et les adverbes : **приятный**, *agréable*, **приятно**, *agréablement* – **приятнее**, *plus agréable, plus agréablement*. Les adjectifs et les adverbes se terminant par les lettres **г, д, з, к, с, ст, т, х** prennent la terminaison -**е** et changent de consonne finale. Nous observons ici le phénomène de « palatalisation » c'est-à-dire le changement de consonne dans un mot.

Voici « les paires » les plus répandues :
- **г, д, з** changent en **ж** : **молодой**, *jeune* = **моложе** ;
- **к, т** changent en **ч** : **громкий**, *bruyant*, **громко**, *bruyamment* = **громче** ;
- **с, х** changent en **ш** : **тихий**, *tranquille*, **тихо**, *tranquillement* = **тише** ;
- **ст** change en **щ** : **густой**, *dense*, **густо**, *densément* = **гуще**.

Voici un groupe d'adjectifs et d'adverbes dont la forme comparative est irrégulière : **большой**, *grand* = **больше** ; **маленький**, *petit* = **меньше** ; **высокий**, *haut* = **выше** ; **далеко**, *loin* = **дальше** ; **дешёвый**, *bon marché* = **дешевле** ; **долгий**, *long* = **дольше** ; **чистый**, *propre* = **чище** ; **хороший**, *bon* = **лучше** ; **плохой**, *mauvais* = **хуже**, et quelques autres.

6 Traduisez les adjectifs suivants et donnez leurs comparatifs.

a. comparatif composé de supériorité :

1. скромный
2. искренний
3. высокий
4. опасный
5. короткий

b. comparatif composé d'infériorité :

1. трудный
2. громкий
3. агрессивный
4. утомительный
5. рискованный

c. comparatif simple de supériorité :

1. злой
2. глупый
3. чистый
4. послушный
5. хороший

CHAPITRE 8 : LES ADJECTIFS – LES ADVERBES – LE COMPARATIF ET LE SUPERLATIF

7 Choisissez les adjectifs qui peuvent avoir une forme comparative et donnez leur forme simple.

a. умный .... e. железный ....

b. говяжий .... f. весёлый ....

c. тяжёлый .... g. мамин ....

d. дорогой .... h. милый ....

8 Choisissez la forme correcte du comparatif.

a. слабый, *faible*
  1. слабнее 2. слабше 3. слабее

b. лёгкая, *légère*
  1. легчее 2. леже 3. легче

c. грязное, *sale*
  1. нрязще 2. грязнее 3. грязше

d. тонкие, *fins*
  1. тоньше 2. тончее 3. тонкее

e. сладкое, *sucré*
  1. сладчее 2. слаще 3. сладкее

f. смелая, *courageuse*
  1. смелше 2. смельче 3. смелее

g. долгие, *longs*
  1. дольше 2. должее 3. долгее

h. понятный, *clair*
  1. поняткее 2. понятнее 3. понятшее

Le superlatif des adjectifs

Le superlatif des adjectifs peut également être simple ou composé.

- La forme composée se construit avec les mots **самый**, *le plus* ; **наиболее** ; *le plus* ; **наименее**, *le moins* et l'ajout d'un adjectif : **самый большой** → *le plus grand* ; **наименее выгодный** → *le moins avantageux*.

Il est possible de former un superlatif composé à l'aide du comparatif simple et du génitif de **все**, *tous* : **большой** = **больше всех** → *le plus grand* ; **маленький** = **меньше всех** → *le plus petit*.

- Le superlatif simple est formé à l'aide des suffixes -**ейш**- (le plus courant) et -**айш**- (si la consonne de la base du mot change) : **красивый** = **красивейший** → *le plus beau* ; **мелкий** = **мельчайший** → *le plus menu*. Parfois, on ajoute également le préfixe **наи**- : **добрейший** = **наидобрейший** → *le plus généreux*. Cette forme est simplement une variante du même mot.

Les mots ayant un suffixe en -**ок**- se réduisent en le « perdant » et prennent le suffixe -**ш**- (et pas -**ейш**-) : **высокий** = **высочайший** mais **высокий** = **наивысший**.

Quelques exceptions existent : **хороший** = **лучший** → *le meilleur* ; **плохой** = **худший** → *le pire*.

CHAPITRE 8 : LES ADJECTIFS – LES ADVERBES – LE COMPARATIF ET LE SUPERLATIF

- Certains adjectifs n'ont pas de forme simple du superlatif, il s'agit :
  - des adjectifs dont la base se termine par les suffixes -аст-, -ист-, -к-, -н-, -ов- (ев), -ск- : **головастый**, *malin* = **самый головастый** ; **деловой**, *d'affaire* = **самый деловой**.
  - de certains adjectifs dont la base se termine par les suffixes -оват- (еват), -лив-, -чив- : **разговорчивый**, *bavard* = **самый разговорчивый** ; **трусоватый**, *trouillard* = **самый трусоватый**.

9 Donnez le superlatif de supériorité des adjectifs suivants. La forme composée et la forme simple quand c'est possible.

a. аккуратный, *ordonné* → ....
b. ласковый, *doux* → ....
c. тихий, *tranquille* → ....
d. чудесный, *merveilleux* → ....
e. обидчивый, *susceptible* → ....
f. низкий, *bas* → ....
g. ушастый, *à grosses oreilles* → ....
h. идеальный, *idéal* → ....

La déclinaison des adjectifs

Nous avons vu dans les leçons précédentes la déclinaison des adjectifs. Nous vous proposons ici un tableau récapitulatif pour tous les cas.

	Masculin	Neutre	Féminin	Pluriel
N	красный / синий / хороший / большой	красное / синее / хорошее / большое	красная / синяя / хорошая / большая	красные / синие / хорошие / большие
G	красного / синего / хорошего /большого		красной / синей / хорошей / большой	красных / синих / хороших / больших
D	красному / синему / хорошему / большому		красной / синей / хорошей / большой	красным / синим / хорошим / большим
A	forme nominative pour les inanimés / forme génitive pour les animés	forme nominative	красную / синюю / хорошую / большую	forme nominative pour les inanimés / forme génitive pour les animés
I	красным / синим / хорошим / большим		красной / синей / хорошей / большой	красными / синими / хорошими / большими
L	красном / синем / хорошем / большом		красной / синей / хорошей / большой	красных / синих / хороших / больших

CHAPITRE 8 : LES ADJECTIFS – LES ADVERBES – LE COMPARATIF ET LE SUPERLATIF

10 Accordez les adjectifs qui sont entre parenthèses.

a. Приходите в наш (обычный) ресторан!
→ ....

b. В (сырой) овощах содержится много (полезный) витаминов.
→ ....

c. Он простоял (целый) час в (длинный) очереди.
→ ....

d. Я так устала от (бесконечный - октябрьский) дождей.
→ ....

e. Мария водила в музей своего (двоюродный) брата.
→ ....

f. Учитель бы недоволен (дерзкий) ответом ученика.
→ ....

g. Почему ты пришёл без (синий) тетради?
→ ....

h. Они проводят всё время со своими (старый) друзьями.
→ ....

Bravo, vous êtes venu à bout du chapitre 8 ! Il est maintenant temps de comptabiliser les icônes et de reporter le résultat en page 128 pour l'évaluation finale.

9
Formation des mots. Les noms composés. Les consonnes « muettes »

La formation des mots russes

Les mots russes peuvent être formés de plusieurs manières :
- par l'ajout d'un préfixe : **правда**, *vérité* – **неправда**, *mensonge* ;
- par l'ajout d'un suffixe : **губа**, *lèvre* – **губка**, *petite lèvre* ;
- en enlevant la terminaison du mot : **полететь**, *aller* (en volant) – **полёт**, *vol* ;
- par l'ajout à la fois d'un préfixe et d'un suffixe : **резать**, *couper* – **обрезаться**, *se couper* ;
- en associant plusieurs mots ou plusieurs bases de mots. Souvent, on utilise une voyelle de liaison **o** ou **e** : **гром**, *tonnerre* + **отвод**, *récusation, retrait* = (**отводит гром**) **громоотвод**, *paratonnerre* ;
- en fusionnant les mots : **сумасшедший**, *fou* est formé de **сшедший**, *descendu* et du génitif de **ум**, *esprit*. Littéralement : **сшедший с ума человек** ➔ *une personne « descendue » de (son) esprit* ;
- par la substantivation et l'utilisation d'un seul mot pour désigner un ensemble : **ванная комната**, *la salle de bain* - **ванная**, *la salle de bain* (l'adjectif a pris le rôle d'un substantif).

1 Retrouvez les mots à partir desquels les mots suivants ont été formés et traduisez-les.

a. полететь, *partir en avion* ➔ ....

b. придумать, *inventer* ➔ ....

c. неправда, *mensonge* ➔ ....

d. песнопение, *chant* ➔ ....

e. косичка, *petite tresse* ➔ ....

f. газопровод, *gazoduc* ➔ ....

g. расплакаться, *fondre en larmes* ➔ ....

h. ножка, *petit pied* ➔ ....

CHAPITRE 9 : FORMATION DES MOTS – LES NOMS COMPOSÉS – LES CONSONNES « MUETTES »

2 Formez des mots à partir des éléments suivants.
ex. : насекомое, которое ест кору – короед

a. ловит мышей → ....
b. возит воду → ....
c. (adjectif) для ремонта вагонов → ....
d. плавает по морям → ....
e. (adjectif) комбайн для уборки хлеба → ....
f. аппарат для метания огня → ....
g. проводит воду → ....
h. (adjectif) человек с «острым» умом → ....

Les voyelles de liaison e et o

On relie les mots avec **o** après une base en consonne dure et avec **e** après une base en consonne molle, **ц** ou une chuintante : **земля = землекоп** ; **вода = водовоз** ; **птица = птицелов**.

Parfois la consonne ramollie par un signe mou est considérée comme dure et on rajoute un **o**.

3 Choisissez la bonne voyelle de liaison e ou o.

a. земл ☐ делие
b. паровоз ☐ строение
c. дальн ☐ восточный
d. вод ☐ напорный
e. птиц ☐ лов
f. звук ☐ изоляция
g. кров ☐ пийца
h. нефт ☐ провод
i. вод ☐ хранилище
j. сух ☐ фрукты

4 Formez des mots en piochant dans les deux colonnes et en ajoutant une voyelle de liaison.

a. овощи   1. плод   → корнеплод
b. газ   2. деятельность   → ....
c. звук   3. учитель   → ....
d. корень   4. хранилище   → ....
e. место   5. изоляция   → ....
f. сам   6. положение   → ....
g. жизнь   7. провод   → ....

CHAPITRE 9 : FORMATION DES MOTS – LES NOMS COMPOSÉS – LES CONSONNES « MUETTES »

Les mots composés avec des nombres

Le nombre placé en première partie des mots composés est mis au génitif : **пять – пяти = пятилетний** ; **семьдесят – семидесяти = семидесятиметровый**. Les mots **девяносто** et **сто** font exception et ne changent pas leur forme : **сто – ста = стометровый**. Le mot **тысяча** lorsqu'il fait partie d'un nom ou d'un adjectif composé a une particularité, il prend **e** comme voyelle de liaison : **тысяча – тысячи = тысячеметровый**.

5 Écrivez en toutes lettres les mots ci-dessous.
ex. : 2метровый → двухметровый

a. 7кратный → ....
b. 90дневный → ....
c. 9месячный → ....
d. 100летний → ....
e. 15процентный → ....
f. 3колёсный → ....
g. 1000метровый → ....

6 Retrouvez la lettre manquante.

a. легк ☐ мысленный
b. ст ☐ километровый
c. кров ☐ пускание
d. огн ☐ опасный
e. тысяч ☐ кратно
f. восьм ☐ разовый
g. стал ☐ вар
h. вод ☐ непроницаемый

L'écriture des mots composés

Les mots composés peuvent s'écrire en un seul mot ou avec un trait d'union.

- Les mots composés s'écrivant en un seul mot sont :
  - les mots commençants par **авто-, авиа-, агро-, аэро-, био-, библио-, вело-, гео-, гелио-, гидро-, графо-, зоо-, изо-, квази-, кино-, лже-, макро-, микро-, метео-, мото-, мульти-, нео-, палео-, поли-, псвевдо-, радио-, теле-, термо-, стерео-, фото-, фоно-, электро-** ;
  - les mots commençants par **полу-, полутора-, четверть-** :
    полуторасантиметровый → *d'un demi-centimètre* ;

CHAPITRE 9 : FORMATION DES MOTS – LES NOMS COMPOSÉS – LES CONSONNES « MUETTES »

- les mots commençant par **борт-** : **бортмеханик**, *mécanicien navigant* ;
- les mots se terminant par **-метр** : **динамометр**, *dynamomètre* ;
- les mots commençant par un nombre au génitif : **десятилетие**, *décennie* ;
- les mots formés à l'aide des voyelles **о** et **е** : **землетрясение**, *tremblement de terre.*

• Les mots composés s'écrivant avec un trait d'union sont :
  - les mots formés sans voyelle de liaison et qui peuvent s'utiliser indépendamment l'un de l'autre : **премьер-министр**, *Premier ministre* ;
  - les mots commençant par les préfixes d'origines étrangères **блок-, вице-, лейб-, макси-, миди-, мини-, обер-, пресс-, унтер-, штаб-, экс-** : **экс-чемпион**, *l'ex-champion* (sauf pour les exceptions suivantes : **блокгауз, блокнот, блокпост**) ;
  - les mots dont la première partie exprime une appréciation : **чудо-молоко**, *lait magique* ;
  - les termes scientifiques comportant une partie grecque ou latine : **альфа-изомер**, *isomère alpha* ;
  - les termes complexes techniques ou scientifiques, les noms des mécanismes : **стоп-кран**, *signal d'alarme* (frein).

7 **Choisissez la bonne manière d'écrire les mots suivants et remplissez le tableau.**

макро(?)экономика   пятидесяти(?)метровка   вице(?)президент
мини(?)юбка,   блок(?)нот   диван(?)кровать   микро(?)порез
теле(?)передача   пресс(?)центр   радио(?)слушатель
гамма(?)излучение   плащ(?)палатка   борт(?)проводник
меч(?)рыба   яхт(?)клуб   вольт(?)метр

En un seul mot	Avec un trait d'union

CHAPITRE 9 : FORMATION DES MOTS – LES NOMS COMPOSÉS – LES CONSONNES « MUETTES »

Les consonnes « muettes »

Certains groupes de mots contiennent des consonnes qui ne se prononcent pas. Il s'agit de la consonne du milieu dans les groupes suivants : **здн**, **здц**, **ндск**, **ндц**, **нтск**, **нтств**, **рдц**, **рдч**, **стл**, **стн**, **стск**, **стц** : **лестница** [liésnitsa]. Dans les groupes **лнц** et **вств** c'est la première consonne qui est muette : **солнце** [sontsê].

Pour vérifier la bonne orthographe, il faut trouver un autre mot de la même racine avec la consonne « problématique », mais avec une voyelle de plus qui sépare le groupe de consonnes et permet ainsi de prononcer toutes les lettres : **солнце** [sontsê] - **солнечный** [solnitchnyï]. Sinon, consultez le dictionnaire orthographique : **ровесник**, **шествие**, etc.

Attention, quelques exceptions existent. Retenez les mots suivants : **блеснуть** (même si **блестеть**), **лестница** (même si **лесенка**).

8 Mettez la lettre **д** ou **т** quand c'est nécessaire et trouvez un mot de vérification (nous vous proposons un exemple dans les solutions, mais cela peut être un autre mot de la même racine). ex. : напрасный, *vain* (напрасен).

a. радос......ный, *joyeux* → ....
b. пес......ня, *chanson* → ....
c. опас......но, *dangereux* → ....
d. сер......це, *cœur* → ....
e. несчас......ный, *malheureux* → ....
f. аген......ство, *agence* → ....
g. ужас......ный, *affreux* → ....
h. крёс......ный, *parrain* → ....
i. поз......но, *tard* → ....

9 Complétez les mots suivants.
ex. : свистнуть, *siffler*.

a. вла............ый, *autoritaire*
b. гига............кий, *géant*
c. здра............уйте, *bonjour*
d. ме............ость, *localité*
e. чуде............ый, *merveilleux*
f. уча............овать, *participer*
g. стра............ый, *passionné*
h. вку............ый, *délicieux*

CHAPITRE 9 : FORMATION DES MOTS – LES NOMS COMPOSÉS – LES CONSONNES « MUETTES »

10 Choisissez le bon mot pour compléter la phrase et traduisez-la.

к сожалению   несомненно   к счастью   во-первых   а потом
извините   может быть   во-вторых   на мой взгляд

a. ...., это не ваше пальто!
...., оно даже не вашего размера.
→ ....

b. ...., мы доедем быстрее на автобусе.
→ ....

c. ...., пожалуйста, где находится ближайшая аптека?
→ ....

d. Ты нашёл мой кошелёк и, ..., потратил все деньги…
→ ....

e. Он, ..., был самостоятелен и здоров.
→ ....

f. ...., вас это забавляет, а меня совсем нет.
→ ....

g. Дети разбили вазу, ... собрали осколки и спрятали их под ковром.
→ ....

h. ...., мы заняты в субботу вечером и не сможем прийти к вам.
→ ....

Bravo, vous êtes venu à bout du chapitre 9 ! Il est maintenant temps de comptabiliser les icônes et de reporter le résultat en page 128 pour l'évaluation finale.

Le présent. Les verbes irréguliers. Les verbes знать et уметь

Le présent

Le système russe est assez simple, il n'y a que trois temps : le présent, le passé et le futur (simple ou composé).
Les verbes perfectifs n'existent pas au présent.

On peut classer les verbes dans les groupes de conjugaison comme suit :

- Si l'accent tonique tombe sur la fin du mot, on classe le verbe en fonction de la terminaison de la 3ᵉ personne du pluriel au présent : **идти** – **идут** (1ᵉʳ groupe) ; **говорить** – **говорят** (2ᵉ groupe).

- Quand la terminaison du présent n'est pas accentuée, on classe les verbes d'après leur terminaison à l'infinitif :

  - Les verbes qui se terminent en **-ить** appartiennent au 2ᵉ groupe, sauf les verbes suivants qui appartiennent au 1ᵉʳ groupe : **брить**, *raser*, **стелить**, *étendre*. Le verbe **стелить** s'utilise uniquement à l'infinitif et au passé. Le présent est formé sur la base du verbe imperfectif **стлать** : **стелю, стелешь, стелют.**

  - Les verbes qui se terminent en **-ать, -еть, -оть, -уть** appartiennent au 1ᵉʳ groupe : **бегать**, *courir* – **бегают**.
    Les verbes suivants sont des exceptions : **слышать**, *entendre* = **слышит** ; **держать**, *tenir* = **держат** ; **ненавидеть**, *haïr* = **ненавидишь**, etc.
    Les enfants russes les apprennent à l'école sous la forme d'un poème :
    гнать, дышать, держать, зависеть,
    видеть, слышать и обидеть,
    а ещё терпеть, вертеть,
    ненавидеть и смотреть.

  - Certains verbes sont irréguliers, car ils contiennent dans leur conjugaison les éléments des deux groupes : **хотеть**, *vouloir* = **хочу, хочешь, хотят** ; **бежать**, *courir* = **бегу, бежишь, бегут.**

CHAPITRE 10 : LE PRÉSENT – LES VERBES IRRÉGULIERS – LES VERBES ЗНАТЬ ET УМЕТЬ

En revanche, tous les verbes, réguliers ou irréguliers, ont les mêmes terminaisons :

1ᵉʳ groupe		2ᵉ groupe	
делать, *faire* / идти, *marcher, aller* (дела-ть / ид-ти)		говорить, *parler* / слышать, *entendre* (говор-ить / слыш-ать)	
я	дела-ю / ид-у	я	говор-ю / слыш-у
ты	дела-ешь / ид-ёшь*	ты	говор-ишь / слыш-ишь
он, она, оно	дела-ет / ид-ёт	он, она, оно	говор-ит / слыш-ит
мы	дела-ем / ид-ём	мы	говор-им / слыш-им
вы	дела-ете / ид-ёте	вы	говор-ите / слыш-ите
они	дела-ют / ид-ут	они	говор-ят / слыш-ат

* Sachez que **e** et **ё** ont été considérées pendant très longtemps comme les variantes d'une seule lettre. Voilà pourquoi le verbe appartient également à la 1ʳᵉ conjugaison.

1 **Classez ces verbes imperfectifs par groupe de conjugaison.**

ставить, *mettre verticalement* • **брить**, *raser* • **верить**, *croire* • **держать**, *tenir* • **менять**, *changer* • **читать**, *lire* • **болеть**, *être malade* • **спать**, *dormir* • **ждать**, *attendre* • **звонить**, *téléphoner* • **слышать**, *entendre* • **смотреть**, *regarder* • **шить**, *coudre* • **желать**, *souhaiter* • **дышать**, *respirer* • **знать**, *savoir*

1ᵉʳ groupe	2ᵉ groupe

CHAPITRE 10 : LE PRÉSENT – LES VERBES IRRÉGULIERS – LES VERBES ЗНАТЬ ET УМЕТЬ

Rappel...

La particule de négation **не** s'écrit toujours séparément des verbes sauf pour les cas où le verbe ne s'utilise pas sans **не** : **негодовать**, *s'indigner* ; **ненавидеть**, *haïr*.

Les verbes irréguliers

Vous pouvez consulter les conjugaisons des verbes irréguliers à la fin de cet ouvrage (p. 118).

Vous avez sans doute remarqué que certains verbes sont irréguliers sur toute leur conjugaison. D'autres sont irréguliers seulement à la 1ʳᵉ personne du singulier, parfois à la 3ᵉ personne du pluriel, et seule une lettre de leur base change.

Quand la base d'un verbe se termine par les consonnes : **г, д, з, к, с, т, х, ц**, on observe souvent une alternance de lettre dans la base lors de la conjugaison au présent.

Pour les verbes du 2ᵉ groupe, seule la 1ʳᵉ personne du singulier est concernée tandis que pour les verbes du 1ᵉʳ groupe en **-ать** toutes les personnes subissent un changement consonantique.

On peut schématiser les alternances comme suit :

consonne finale de base	changement en	exemple
Г Д З	Ж	**мазать**, *enduire* : **мажу, мажешь, мажут**
К Т Ц	Ч	**топтать**, *piétiner* : **топчу, топчешь, топчут**
С Х	Ш	**пахать**, *labourer* : **пашу, пашешь, пашут**
СК СТ	Щ	**искать**, *chercher* : **ищу, ищешь, ищут** **растить**, *cultiver, croître* : **ращу, растишь, растят**
Б В М П Ф	apparition d'une **Л**	**дремать**, *somnoler* : **дремлю, дремлешь, дремлют** **терпеть**, *tolérer* : **терплю, терпишь, терпят**

CHAPITRE 10 : LE PRÉSENT – LES VERBES IRRÉGULIERS – LES VERBES ЗНАТЬ ЕТ УМЕТЬ

② Accordez les verbes au présent avec le sujet.

a. ты (лить, *verser*) → ....
b. он (брить, *raser*) → ....
c. я (крутить, *tourner*) → ....
d. мы (махать, *agiter*) → ....
e. она (писать, *écrire*) → ....
f. я (растить, *cultiver*) → ....
g. оно (работать, *fonctionner*) → ....
h. они (искать, *chercher*) → ....
i. вы (резать, *couper*) → ....
j. я (любить, *aimer*) → ....

③ Retrouvez l'infinitif pour les formes conjuguées à la 1ʳᵉ personne du singulier ci-dessous.

a. кручу, *je tourne* → .... e. кормлю, *je nourris* → ....
b. чищу, *je nettoie* → .... f. плачу, *je pleure* → ....
c. плачу, *je paie* → .... g. грущу, *je suis triste* → ....
d. вижу, *je vois* → .... h. леплю, *je sculpte* → ....

Particularités

Les verbes avec les suffixes **ева** ou **ова** perdent ces derniers au cours de la conjugaison au présent : **воевать**, *combattre, faire la guerre* ; **радовать**, *réjouir* ; **следовать**, *suivre*. Si des verbes perdent le suffixe, la terminaison de la 1ʳᵉ personne du singulier devient **ю́ю** / **у́ю** :

воевать, *combattre*		следовать, *suivre*	
я	воюю	я	следую
ты	воюешь	ты	следуешь
он, она, оно	воюет	он, она, оно	следует
мы	воюем	мы	следуем
вы	воюете	вы	следуете
они	воюют	они	следуют

CHAPITRE 10 : LE PRÉSENT – LES VERBES IRRÉGULIERS – LES VERBES ЗНАТЬ ET УМЕТЬ

Les verbes du type **давать**, *donner*, avec le suffixe **вать**, ont une conjugaison particulière :

давать, *donner*		узнавать, *reconnaître*	
я	даю	я	узнаю
ты	даёшь	ты	узнаёшь
он, она, оно	даёт	он, она, оно	узнаёт
мы	даём	мы	узнаём
вы	даёте	вы	узнаёте
они	дают	они	узнают

4 Composez la phrase selon l'exemple.
ex. : В прошлом году Виктор и Таня жили в Москве.
→ Сейчас они тоже живут в Москве.

a. Утром Дарья делала пельмени.

→ ....

b. Дети всегда следовали общим правилам.

→ ....

c. Соседи уже не раз давали нам денег.

→ ....

d. Вчера отец смотрел футбол по телевизору.

→ ....

e. Раньше дедушка хорошо видел.

→ ....

f. Я всегда любил читать.

→ ....

g. Весь вечер Лена искала свои очки.

→ ....

h. После обеда собака ждала своего хозяина.

→ ....

i. Вы никогда не узнавали моих друзей.

→ ....

j. Когда я была маленькой, я ненавидела шум.

→ ....

CHAPITRE 10 : LE PRÉSENT – LES VERBES IRRÉGULIERS – LES VERBES ЗНАТЬ ET УМЕТЬ

5 Remplissez la grille en traduisant les verbes conjugués.

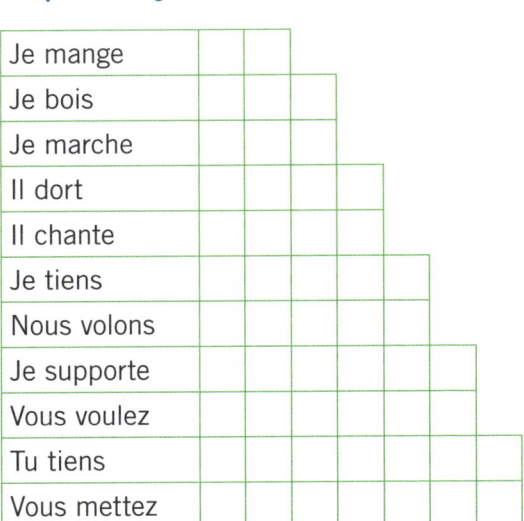

| Je mange |
| Je bois |
| Je marche |
| Il dort |
| Il chante |
| Je tiens |
| Nous volons |
| Je supporte |
| Vous voulez |
| Tu tiens |
| Vous mettez |

Les verbes pronominaux

La formation des verbes pronominaux est très simple. On ajoute à la fin du verbe la particule **ся** s'il se termine par une consonne et **сь** s'il se termine par une voyelle : **он бреет**, *il rase* = **он бреется**, *il se rase*. Attention aux nuances de la traduction : **он бреется** ➔ *il se rase* ; **он наливает себе воды** ➔ *Il se verse de l'eau.*

6 Conjuguez les verbes entre parenthèses au présent et traduisez les phrases.

a. Мария и Павел (искать) квартиру. ➔ ....
➔ ....

b. Крестьяне (пахать) землю. ➔ ....
➔ ....

c. Вы давно (заниматься) спортом. ➔ ....
➔ ....

d. Какая жадина! Ты никогда ничего никому не (давать)! ➔ ....
➔ ....

e. Куда ты (бежать)? ➔ ....
➔ ....

f. Мама (мыть) Милу мылом. ➔ ....
➔ ....

g. Что вы (пить)? ➔ ....
➔ ....

h. По утрам они (ходить) в бассейн. ➔ ....
➔ ....

CHAPITRE 10 : LE PRÉSENT – LES VERBES IRRÉGULIERS – LES VERBES ЗНАТЬ ЕТ УМЕТЬ

7 Formez des verbes pronominaux quand c'est possible puis traduisez-les.

a. решать → ....
b. ругать → ....
c. чихать → ....
d. поднимать → ....
e. прятать → ....
f. отставать → ....
g. относить → ....
h. молить → ....
i. прыгать → ....
j. плакать → ....

8 Traduisez les phrases ci-dessous.

a. *Elle se mouche.* → ....
b. *Il se lave les mains.* → ....
c. *Elles se lavent.* → ....
d. *Je souris.* → ....
e. *Nous nous réjouissons.* → ....
f. *Ils se téléphonent.* → ....
g. *Vous vous déshabillez.* → ....
h. *Ils se disputent.* → ....

9 Ajoutez les lettres manquantes.

Хо☐у расска☐☐ть вам историю о том, как нельзя дел☐☐ь. И☐☐ я по улице, ви☐☐ – старушка пыта☐☐☐☐ через дорогу пере☐☐и. Рядом с ней и☐☐т достаточно взрослые мальчики. Старушка в одной руке не☐☐т сумку, в другой бидон с молоком. Видно, что сил ей не хват☐☐т, тяжело нес☐и свою ношу. А тут еще и светофор начина☐т мига☐☐, на красный свет переключа☐☐☐☐. Я дум☐☐, сейчас мальчишки ей помогут, а они только обхо☐☐т её поскорее, чтобы самим усп☐ть. На бабушку даже внимания н☐ обращ☐☐т. Тогда я спе☐у, подбег☐☐ к бабушке, подхваты☐☐☐ её авоську и бидон, её под локоть бе☐☐, и мы быстро-быстро перехо☐☐☐ на другую сторону. Подростки всё-таки оборачи☐☐ют☐☐: наверное, понима☐☐, что так, как они поступили, дела☐☐ нельзя.

CHAPITRE 10 : LE PRÉSENT – LES VERBES IRRÉGULIERS – LES VERBES ЗНАТЬ ET УМЕТЬ

Les verbes *знать*, connaître, savoir, et *уметь*, savoir-faire.

Ces verbes prêtent régulièrement à confusion même si la différence de traduction est assez distincte. Entraînez-vous pour mieux comprendre la différence dans leur emploi.

10 Choisissez le verbe знать ou уметь pour compléter les phrases et conjuguez-les.

a. Он .... кататься на велосипеде.

b. Мы сами всё о нём ....

c. Она .... его наизусть.

d. Вы .... притворяться.

e. Мы сами всё .... делать.

f. Ты .... , как вывести его из себя!

g. Я .... готовить и .... , что это важно для тебя.

h. Они .... о ваших намерениях.

Bravo, vous êtes venu à bout du chapitre 10 ! Il est maintenant temps de comptabiliser les icônes et de reporter le résultat en page 128 pour l'évaluation finale.

L'aspect du verbe. Les verbes de position

L'aspect du verbe

Comparé au français, le système verbal russe est simple (il ne possède que 3 temps : le passé, le présent et le futur). Mais il a une particularité qui n'existe pas en français : la notion de l'aspect.

Pour chaque verbe français, il existe deux traductions en russe, un verbe imperfectif et un verbe perfectif : **брать** (imperfectif) / **взять** (perfectif), *prendre*. D'ailleurs, pour mieux comprendre leur emploi par la suite, nous vous conseillons de les apprendre par paire aspectuelle.

L'aspect est une manière de connaître l'état de l'action.

- L'imperfectif exprime une action en cours, qui se déroule sur une certaine durée ou qui se répète régulièrement. C'est la réalisation de l'action qui est mise en avant et non le résultat : **Мы читали книгу весь вечер** ➜ *Toute la soirée, nous avons lu un livre.* Dans cette phrase c'est l'action de lire qui est mise en avant. En revanche, nous n'avons aucune information sur le résultat (avons-nous fini le livre ?).

- Le perfectif exprime quant à lui, une action terminée, momentanée et qui a abouti à un résultat : **Мы прочитали книгу за вечер** ➜ *En une soirée, nous avons lu le livre.* Ici, l'action sert juste à mettre en avant le résultat : nous avons lu le livre entièrement.

Observez : **Вчера мы ходили в кино** ➜ *Hier, nous sommes allés au cinéma.* Il est évident, que l'action est terminée et que nous sommes revenus du cinéma, mais comme ce que l'on souhaite mettre en avant ici c'est l'action réalisée hier soir, on utilise l'imperfectif.

> ⚠️ Le présent existe seulement pour les verbes imperfectifs, car ils indiquent le déroulement de l'action qui a lieu maintenant. Les deux aspects s'emploient, à part sous leur forme infinitive, au passé, à l'impératif et au futur.

CHAPITRE 11 : L'ASPECT DU VERBE – LES VERBES DE POSITION

1 Classez les imperfectifs et les perfectifs dans deux bols.

познакомиться идти думать прочитать сказать ехать
сделать уехать смотреть радовать засмеяться оставаться
жить остаться отвечать уговаривать перевести взять

PERFECTIFS   IMPERFECTIFS

La formation des aspects

- Formation à l'aide d'un préfixe ou d'un suffixe.
Les verbes imperfectifs et perfectifs sont indiqués dans les dictionnaires. Le verbe imperfectif est souvent un verbe simple, tandis que le perfectif se forme sur la base de l'imperfectif auquel s'ajoute un préfixe. Attention, il existe néanmoins des verbes simples qui sont des perfectifs. Il existe aussi des verbes imperfectifs formés sur la base des perfectifs (à l'aide d'un préfixe et d'un suffixe).

- Parfois les deux formes sont complètement différentes : **говорить** (imperfectif) / **сказать** (perfectif), *parler, dire*. Et parfois, ce n'est qu'une partie de la base qui change : **забывать** (imperfectif) / **забыть** (perfectif), *oublier*. Remarquez que les suffixes **вы, ева, ова, ыва** indiquent le plus souvent un verbe imperfectif.

2 Retrouver les paires de verbes imperfectif/perfectif.

1. бросать •
2. брать •
3. начинать •
4. пить •
5. решать •
6. открывать •
7. видеть •
8. класть •

• a. начать
• b. решить
• c. положить
• d. открыть
• e. бросить
• f. выпить
• g. увидеть
• h. взять

CHAPITRE 11 : L'ASPECT DU VERBE – LES VERBES DE POSITION

3 Choisissez la bonne forme et accordez le verbe avec le sujet. Expliquez votre choix.

a. Они всегда (**ездить** / **уехать**) на дачу летом. ➜ ....
Ils vont toujours à la datcha en été.
➜ ....

b. По утрам дети (**пить** / **выпить**) чай, а мы – кофе. ➜ ....
Le matin les enfants boivent du thé et nous du café.
➜ ....

c. С самого утра она (**рисовать** / **нарисовать**) эту картину. ➜ ....
Depuis ce matin elle dessine ce tableau.
➜ ....

d. Сергей часто (**ходить** / **пойти**) в этот ресторан. ➜ ....
Sergueï va souvent dans ce restaurant.
➜ ....

e. Она (**рассказывать** / **рассказать**) эту историю уже десятый раз!
➜ ....
Elle raconte cette histoire pour la dixième fois !
➜ ....

4 Repérez les verbes imperfectifs dans la liste ci-dessous et traduisez-les.

есть   украсть   спеть   желать   верить   упасть   вертеть   вынуть
дышать   отдать   спать   спросить   исчезать   шуметь   зайти

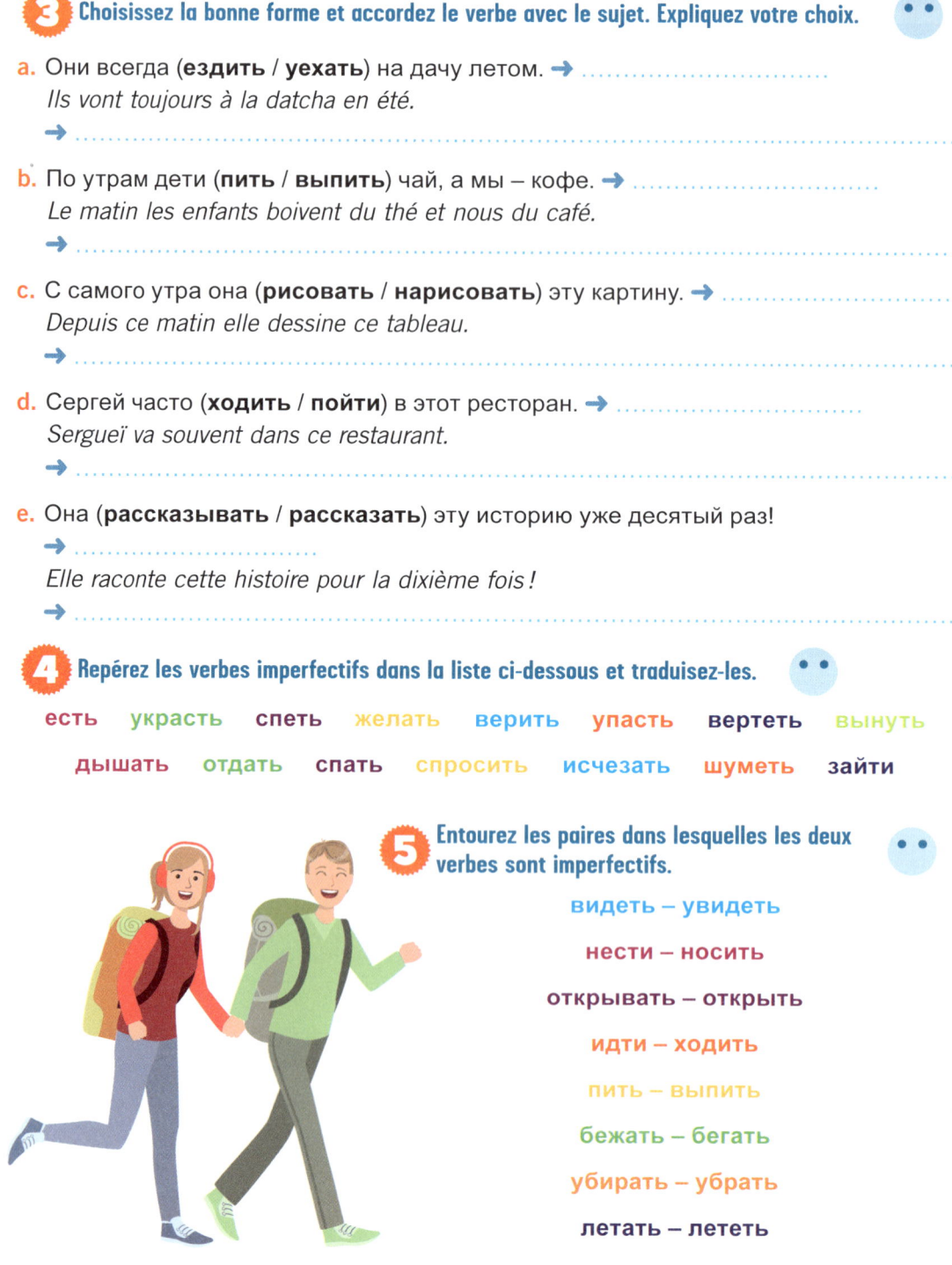

5 Entourez les paires dans lesquelles les deux verbes sont imperfectifs.

видеть – увидеть

нести – носить

открывать – открыть

идти – ходить

пить – выпить

бежать – бегать

убирать – убрать

летать – лететь

CHAPITRE 11 : L'ASPECT DU VERBE – LES VERBES DE POSITION

Résumé verbes perfectifs/imperfectifs

Imperfectif	Pour des actions longues ou qui se répètent, des habitudes. Le résultat de l'action n'a pas d'importance. L'infinitif répond à la question **Что делать?** Conjugaison possible : présent, futur composé et passé.	**Мы всё утро готовили пирог.** ➜ *On a préparé la tarte toute la matinée.* C'est une action prolongée, l'accent est mis sur l'action elle-même et pas sur son résultat. **Каждое лето они ездят на юг.** ➜ *Chaque été, ils vont dans le Sud.* C'est une habitude.
Perfectif	Il indique que l'action est terminée et qu'on peut en constater le résultat. Il peut également marquer le début ou la fin de l'action, ou encore l'enchaînement d'actions. L'infinitif répond à la question **Что сделать?** Conjugaison possible : passé et futur simple.	**Он ушёл в школу.** ➜ *Il est parti à l'école.* Ce qui importe ici c'est le résultat : il n'est pas là. **Она налила себе молока и выпила.** ➜ *Elle s'est servi du lait et l'a bu.* Indique l'enchaînement d'actions. **Он запел.** ➜ *Il s'est mis à chanter.* C'est le début d'une action.

6 Retrouvez l'infinitif imperfectif à partir des formes conjuguées des perfectifs suivants.

a. нарисует ➜ ....
b. заворчала ➜ ....
c. полетим ➜ ....
d. развеселитесь ➜ ....
e. скажете ➜ ....
f. пропищит ➜ ....
g. зайдёшь ➜ ....
h. разменяю ➜ ....

CHAPITRE 11 : L'ASPECT DU VERBE – LES VERBES DE POSITION

Usage de l'imperfectif

Comme l'imperfectif exprime une action répétée ou habituelle, il est souvent accompagné de mots qui soulignent cette fréquence ou la répétition de l'action : **часто**, *souvent* ; **всегда**, *toujours* ; **постоянно**, *en permanence, constamment* ; **обычно**, *d'habitude* ; **по утрам**, *le matin* ; **каждый день**, *chaque jour*, etc.

7 Accordez les imperfectifs qui se trouvent entre parenthèses et traduisez les phrases. Soulignez les mots qui suggèrent l'emploi de l'imperfectif.

a. Обычно дети (**плавать**) в бассейне с тренером. → ....
→ ....

b. Зимой мы (**ездить**) в горы кататься на лыжах, а летом (**отправляться**) на море.
→ ....
→ ....

c. Она постоянно всё (**забывать**). → ....
→ ....

d. Антон часто (**ездить**) в другие города по работе. → ....
→ ....

e. Каждую субботу Мира (**заниматься**) теннисом в клубе. → ....
→ ....

f. Стас всегда (**добираться**) до работы на машине. → ....
→ ....

g. Вечерами бабушка (**вязать**), а дедушка (**читать**) газету. → ....
→ ....

h. Каждую среду мама (**ходить**) на рынок. → ....
→ ....

CHAPITRE 11 : L'ASPECT DU VERBE – LES VERBES DE POSITION

Les verbes de position

Les verbes russes indiquent la manière dont l'objet est positionné dans l'espace. Ainsi, le verbe français *mettre* a plusieurs traductions en russe, chacune ayant un sens différent : **класть** (imperfectif) / **положить** (perfectif), *mettre horizontalement* ; **ставить** (imperfectif) / **поставить** (perfectif), *mettre verticalement*, etc.

Il faut distinguer les verbes dont l'action porte sur le sujet lui-même : **лежать** (imperfectif), *être allongé* ; **сесть** (perfectif), *s'asseoir* et les verbes dont l'action porte sur un objet : **класть** (imperfectif), *mettre horizontalement*.

Voici la liste des verbes qui reprennent les positions de base d'un sujet ou d'un objet :

- l'état statique comporte uniquement des imperfectifs, car il décrit le déroulement d'une action : **лежать** (imperfectif), *être allongé* ; **сидеть** (imperfectif), *être assis* ; **стоять** (imperfectif), *être, se tenir debout* ; **висеть** (imperfectif), *être suspendu* ;

- l'action de positionnement : **ложиться** (imperfectif) / **лечь** (perfectif), *se coucher, s'allonger* ; **садиться** (imperfectif) / **сесть** (perfectif), *s'asseoir* ; **вставать** (imperfectif) / **встать** (perfectif), *se mettre debout* ; **вешаться** (imperfectif) / **повеситься** (perfectif), *se pendre* ;

- l'action réalisée sur un objet et donnant lieu à un état : **класть** (imperfectif) / **положить** (perfectif), *mettre horizontalement* ; **сажать** (imperfectif) / **посадить** (perfectif), *faire s'asseoir* ; **ставить** (imperfectif) / **поставить** (perfectif), *mettre verticalement* ; **вешать** (imperfectif) / **повесить** (perfectif), *pendre, suspendre*.

Attention, le même objet peut évidemment avoir un positionnement différent dans l'espace en fonction des situations : **книга лежит на кресле** mais **книга стоит на полке**.

8 Choisissez le verbe qui convient pour positionner chaque sujet et accordez-le en conséquence.

висеть   стоять   лежать   класть   вставать   садиться   вешать   сидеть

a. Я .... на стул.

b. Миша .... на диване. Он спит.

c. Пальто .... в шкафу.

d. Учитель .... за столом.

e. Папа .... ключи в ящик.

f. Ботинки .... в коридоре.

g. Таня .... блузу на вешалку.

h. Лиза .... и одевается.

CHAPITRE 11 : L'ASPECT DU VERBE – LES VERBES DE POSITION

9 Complétez les questions en fonction des réponses données.
ex. : Что стоит во дворе? – Дерево.

a. Что .... на стене? – Картина.

b. Кто .... в кресле? – Дедушка.

c. Что ты .... на стол? – Бутылку вина.

d. Кто .... в гамаке? – Моя дочь.

e. Что они .... в кошелёк? – Деньги.

f. Что .... у стены? – Диван.

g. Кого она .... рядом с собой? – Своего мужа.

h. Кто .... у окна? – Наш знакомый.

Bravo, vous êtes venu à bout du chapitre 11 ! Il est maintenant temps de comptabiliser les icônes et de reporter le résultat en page 128 pour l'évaluation finale.

Les verbes de mouvement. La signification des préverbes

Les verbes de mouvement

En français, pour indiquer le mode de déplacement, on utilise les verbes *aller*, *venir*, *partir*, etc., auxquels on peut ajouter un moyen de déplacement : *aller à pied*, *en voiture*, *en avion*, etc. Le russe possède un groupe de verbes, dits verbes de mouvement, qui contiennent toutes ces informations. Par exemple, le verbe **идти** nous renseigne directement sur le mode de déplacement avec la notion de destination : *aller à pied quelque part* ; **лететь** nous indique que le déplacement se produit en avion avec également une destination précise.

Il existe 14 paires de verbes de mouvement qui se divisent en deux groupes : déterminés et indéterminés. Attention, ne les confondez pas avec les « paires verbales » imperfectifs/perfectifs.

- Les verbes déterminés indiquent :
    - une action qui a une destination précise : **я шёл в кино, когда увидел её** ➜ *j'allais au cinéma quand je l'ai vue* ;
    - une action qui se produit en ce moment : **я иду в кино** ➜ *je suis en train d'aller au cinéma.*
- Les verbes indéterminés indiquent :
    - une action sans direction : **я долго ходил по улицам** ➜ *longtemps, j'ai marché dans les rues* ;
    - au passé, une action qui suppose un aller et un retour : **я ходил в кино (= я был в кино)** ➜ *j'ai été au cinéma* (sous entendu *je suis revenu*) ;
    - une action qui caractérise la capacité à se mouvoir d'une manière ou d'une autre : **её ребёнок уже хорошо ходит** ➜ *son enfant marche déjà bien* ;
    - une action répétée ou habituelle qui est souvent accompagnée des adverbes **всегда**, *toujours* ; **часто**, *souvent* ; **каждый день**, *chaque jour* ; **иногда**, *parfois* ; **раз в год**, *une fois par an* ; **постоянно**, *toujours* ; etc. : **я часто хожу в бассейн** ➜ *je vais souvent à la piscine.*

Attention, certains mots s'utilisent toujours avec le verbe **идти**, c'est le cas des mots suivants : **идёт дождь, снег, град, письмо, время**.

CHAPITRE 12 : LES VERBES DE MOUVEMENT – LA SIGNIFICATION DES PRÉVERBES

Le tableau ci-dessous reprend les 14 paires de verbes de mouvement

	Déterminé	Indéterminé	Traduction
Actif	идти	ходить	*aller à pied*
	ехать	ездить	*aller par moyen de locomotion*
	бежать	бегать	*courir*
	лететь	летать	*voler*
	плыть	плавать	*nager*
	ползти	ползать	*ramper*
	брести	бродить	*roder*
	гнать	гонять	*conduire, rouler, piloter*
	лезть	лазить	*grimper, escalader*
Passif	нести	носить	*porter*
	вести	водить	*amener à pied*
	везти	возить	*transporter*
	тащить	таскать	*traîner, tirer*
	катить	катать	*rouler quelque chose ou quelqu'un*

1 Entourez les verbes de mouvement.

класть идти решать ехать вещать тащить лететь
лечить водить нести держать катить лезть налить

2 Retrouvez le bon verbe indéterminé pour chaque explication.

a. перемещаться по дороге на велосипеде → ....
b. перемещать что-то на своих руках → ....
c. перемещаться по реке на лодке → ....
d. перемещать кого-нибудь на машине → ....
e. перемещаться по воздуху → ....
f. перемещаться по земле ногами, но очень быстро → ....
g. перемещаться на самолёте → ....
h. перемещать шар по земле → ....
i. перемещаться по забору → ....

CHAPITRE 12 : LES VERBES DE MOUVEMENT – LA SIGNIFICATION DES PRÉVERBES

3 Reliez les mots des deux colonnes.

a. лететь • • 1. из последних сил
b. вести • • 2. на вертолёте
c. бегать • • 3. на поезде
d. ползти • • 4. ребёнка в школу
e. нести • • 5. по утрам
f. ехать • • 6. тяжёлый груз

4 Mettez les verbes entre parenthèses à la bonne forme.

a. Каждое лето мы (ездить) на море. ➜ ....
b. Обычно Тамара сама (водить) своего сына в школу. ➜ ....
c. Детей (везти) к врачу. ➜ ....
d. Ну куда ты (лезть)? ➜ ....
e. Ребёнок (ползать) по полу. ➜ ....
f. Консьержка (тащить) огромный чемодан. ➜ ....
g. Я часто (бродить) по утреннему городу. ➜ ....
h. Они отлично (плавать) и сейчас (плыть) наперегонки. ➜ ....

Le sens figuré des verbes de mouvement

Les verbes de mouvement sont parfois utilisés dans des situations où la notion de mouvement est figurée.

Les verbes **идти / ходить** peuvent être utilisés avec les transports publics. Ainsi, on dit : **Куда идёт этот автобус?** ➜ *Où va ce bus ?* **Поезд идёт по расписанию.** ➜ *Le train respecte l'horaire.* Dans le sens où le train avance selon l'horaire prévu.

Les verbes de mouvement s'utilisent également dans quelques expressions évoquant :

- Le temps : **Как быстро идёт время!** ➜ *Que le temps passe vite !* **Час с тобой пролетел, как одна минута.** ➜ *Une heure avec toi est passée aussi vite qu'une minute !* **Часы идут правильно?** ➜ *La montre est à l'heure ?*

- Les conditions météorologiques : **Я думала, идёт дождь, а там идёт снег.** ➜ *Je pensais qu'il pleuvait, mais il neige.* **Над нами мирно плывут облака.** ➜ *Au-dessus de nous, les nuages flottent tranquillement.*

- Les vêtements, les accessoires et d'autres objets, qui donnent une indication sur le physique : **Он никогда не носит галстук.** ➜ *Il ne porte jamais de cravate.* **Эта помада ей так идёт!** ➜ *Ce rouge à lèvres lui va si bien !*

CHAPITRE 12 : LES VERBES DE MOUVEMENT – LA SIGNIFICATION DES PRÉVERBES

5 Utilisez les verbes **идти** et **ходить** quand c'est possible et d'autres verbes de mouvement quand ça ne l'est pas.

a. Этот автобус никогда не .... по расписанию.

b. Мы .... по реке на катере.

c. Куда .... этот самолёт?

d. Ей так .... её серьги.

e. Эрик часто .... туда на грузовике.

f. Куда вы ...., в театр?

   Нет, мы .... в кино.

Le perfectif des verbes de mouvement

- On peut former le perfectif de tous les verbes de mouvement déterminés à l'aide du préfixe ou préverbe **по** : **лететь – полететь, тащить – потащить, идти – пойти**. On peut également utiliser d'autres préfixes, mais ils changent le sens des verbes : **пере – перейти**, *traverser*, **подо – подойти**, *s'approcher*, etc.
- Le perfectif des verbes indéterminés ajoute une notion quantitative : **бегать – побегать**, *courir un peu* ; **водить – сводить**, *amener une fois* (ou nombre de fois limité) ou *rapidement*.

Voici les préfixes ou préverbes les plus utilisés et leur sens :

Préverbe	Sens	Exemple
в, во	mouvement vers l'intérieur	**ехать - въехать***, *entrer grâce à un moyen de locomotion* ; **идти - войти***, *entrer à pied*
вз, взо, вс	mouvement vers le haut	**лететь - взлететь**, *décoller, s'envoler* ; **идти - взойти**, *monter* ; **ходить - всходить**, *monter*
вы	mouvement vers l'extérieur ; départ ; absence (sous-entendu que le sujet revienne rapidement)	**бежать - выбежать**, *sortir en courant* ; **ехать - выехать**, *partir* ; **идти - выйти**, *sortir ou s'absenter un peu*
до	mouvement jusqu'à…	**ползти - доползти до чего-то**, *arriver en rampant jusqu'à quelque chose*
за	mouvement derrière ou dans… ; déplacement quelque part pour une courte durée	**идти - зайти (за дом, домой)**, *aller à pied* (derrière une maison), *entrer dans la maison* ; **бежать - забежать (к друзьям)**, *passer rapidement* (chez des amis)

CHAPITRE 12 : LES VERBES DE MOUVEMENT – LA SIGNIFICATION DES PRÉVERBES

Préverbe	Sens	Exemple
о, об, обо	mouvement autour ou sur toute la surface	**бежать - обежать (дом)**, *courir autour (d'une maison)* ; **ехать - объехать (машину)**, *contourner une voiture* ; **ехать - объехать (весь мир)**, *faire le tour du monde*
от, ото	éloignement (souvent de courte distance) ; absence (de courte durée)	**ехать - отъехать**, *s'éloigner un peu à l'aide d'un moyen de locomotion, s'absenter* ; **идти - отойти**, *s'éloigner, s'absenter*
при	atteindre le but ; arriver	**идти - прийти (домой)**, *arriver (à pied) à la maison*
про	mouvement le long de…, à travers… ou le résultat quantitatif d'un mouvement	**ходить - проходить мимо, через**, *marcher le long de, à travers* ; **ехать - проехать 5 км**, *couvrir 5 km en roulant*
пере	déplacement d'un endroit à un autre ; traversée	**ехать - переехать**, *déménager* ; **идти - перейти (улицу)**, *traverser (la rue) à pied*
по	début de l'action ou intention de l'action dans le futur ; action en petite quantité	**идти - пойти**, *se mettre en marche* ; **ходить - походить**, *marcher un peu*
под, подо	mouvement d'approche	**лететь - подлететь**, *s'approcher (en volant)* ; **идти - подойти**, *s'approcher (en marchant)*
раз, разо, рас avec ся	mouvement de se disperser ; mise en marche d'une action	**бежать - разбежаться**, *se disperser (en courant)* ; *prendre son élan en courant* ; **идти - разойтись**, *se disperser (en marchant)* ; **ходить - расходиться**, *se disperser (en marchant)*
с, со	aller-retour ; mouvement de descente ; départ	**бегать - сбегать (в магазин)**, *faire un saut (au magasin)* ; **идти - сойти**, *descendre* ; **бежать - сбежать**, *s'échapper, partir*
с, со avec ся	rassemblement	**ехать - съехаться**, *se réunir* ; **идти - сойтись**, *se réunir*
у	éloignement pour une longue période	**идти - уйти**, *partir*

* le o et le signe dur qui s'ajoutent

CHAPITRE 12 : LES VERBES DE MOUVEMENT – LA SIGNIFICATION DES PRÉVERBES

6 **Choisissez le bon verbe pour compléter les phrases et accordez-le avec le sujet.**

идти   ехать   улетать   идти   ездить   вести

a. Обычно Елена .... на работу на автобусе.

b. Сейчас они .... на дачу, а потом поедут на реку.

c. Мария .... своего ребёнка к зубному врачу.

d. Стас и Катя .... на дискотеку.

e. Вечером Зина .... в гости.

f. До встречи! Я .... в командировку в Данию.

7 **Utilisez le bon préverbe pour les verbes entre parenthèses. Transformez le verbe en pronominal si nécessaire.**

об   при   у   за   с   пере   рас   вы

a. Куда он (ходить)? *Où part-il ?*
→ ....

b. Лука (ходить) на работу к 9. *Luka arrive au travail pour 9 h.*
→ ....

c. Я (ходить) на улицу. *Je sors dans la rue.*
→ ....

d. Друзья (ходить) после дня рождения. *Les amis partent après l'anniversaire.*
→ ....

e. Дети осторожно (ходить) дорогу. *Les enfants traversent la route avec précaution.*
→ ....

f. Начальник (ходить) территорию завода. *Le chef fait le tour du territoire de l'usine.*
→ ....

g. Люди (ходить) на митинг на главной площади. *Les gens se réunissent sur la place principale pour une manifestation.*
→ ....

h. Папа (ходить) в магазин за продуктами. *Papa passe au magasin chercher des provisions*
→ ....

CHAPITRE 12 : LES VERBES DE MOUVEMENT – LA SIGNIFICATION DES PRÉVERBES

Formation des verbes de mouvement (imperfectifs et perfectifs)

Les verbes perfectifs formés sur la base des déterminés peuvent être à leur tour une base pour la formation des verbes imperfectifs : **вести – привести → приводить**. Remarquez que pour certains verbes les imperfectifs ont la même base que les verbes indéterminés du couple de mouvement tandis que pour les autres, l'imperfectif est formé à l'aide d'un suffixe :

Déterminé	Indéterminé	Perfectif	Imperfectif
нести	носить	принести	приносить
везти	возить	увезти	увозить
вести	водить	отвести	отводить
лететь	летать	прилететь	прилетать
идти	ходить	уйти	уходить
гнать	гонять	пригнать	пригонять
ехать	ездить	уехать	уезжать
бежать	бегать	подбежать	подбегать
тащить	таскать	притащить	притаскивать
катить	катать	выкатить	выкатывать
плыть	плавать	переплыть	переплывать
ползти	ползать	подползти	подползать
брести	бродить	забрести	забредать
лезть	лазить	вылезть	вылезать

8 Retrouvez l'imperfectif des verbes perfectifs suivants.

a. отвести → ....
b. пройти → ....
c. забежать → ....
d. угнать → ....
e. выползти → ....
f. подойти → ....
g. стащить → ....
h. привезти → ....

CHAPITRE 12 : LES VERBES DE MOUVEMENT – LA SIGNIFICATION DES PRÉVERBES

9 Formez les phrases en ajoutant la préposition qui convient.
ex. : Катя (идти) / день рождения - друзья
→ Катя идёт на день рождения к друзьям.

a. Сегодня Лена (идти) / спортзал – тренировка
→ ....

b. Каждый год родители (ездить) / юг – море
→ ....

c. У Олега и Ольги есть 2 билета на вечерний спектакль. Они (идти) / театр – спектакль
→ ....

d. Владимир и Татьяна приглашены к соседям. Раз в неделю они (ходить) / гости – друзья
→ ....

e. Вика надевает купальник. Она (идти) / бассейн – плаванье
→ ....

f. Ты садишься на велосипед и (ехать) / магазин – покупки
→ ....

10 Choisissez la bonne fin pour chaque phrase.

a. Каждую среду мы…
  1. ходим на рынок
  2. плаваем на рынок
  3. ходим в рынок

b. Сейчас туристы…
  1. идут по экскурсии
  2. едут на экскурсию
  3. лезут на экскурсию

c. Регулярно Сергей…
  1. ходит на дискотеку
  2. носит на дискотеку
  3. ходет на дискотеку

d. Мой брат давно…
  1. едет на занятия по английскому языку
  2. ходит на занятия по английскому языку
  3. идёт на занятия по английскому языку

e. Марат любит скорость и часто…
  1. ездит на мотоцикле
  2. едет на мотоцикле
  3. ходит на мотоцикле

f. Сейчас Аня…
  1. идёт в парка
  2. ходит в парк
  3. идёт из парка

Bravo, vous êtes venu à bout du chapitre 12 ! Il est maintenant temps de comptabiliser les icônes et de reporter le résultat en page 128 pour l'évaluation finale.

13 Le futur

Futur simple et composé

Le russe possède deux formes de futur : le futur simple pour les verbes perfectifs et le futur composé pour les verbes imperfectifs.

• **Le futur simple**

Les verbes perfectifs n'ont pas de présent, en revanche, si on les conjugue au présent des imperfectifs, on forme le futur simple :

делать, *faire* (imperfectif)		сделать, *faire* (perfectif)	
я	делаю	я	сделаю
ты	делаешь	ты	сделаешь
он, она, оно	делает	он, она, оно	сделает
мы	делаем	мы	сделаем
вы	делаете	вы	сделаете
они	делают	они	сделают

• **Le futur composé**

On le forme à l'aide de l'auxiliaire **быть** conjugué et de l'infinitif du verbe imperfectif.

быть, *être* (perfectif)	
я	буду
ты	будешь
он, она, оно	будет
мы	будем
вы	будете
они	будут

1 Entourez les verbes qui ont un futur simple.

рисовать   поймать   звать   дать   найти   отходить

принести   спать   петь   выпить   начинать   писать

CHAPITRE 13 : LE FUTUR

2 Conjuguez les verbes perfectifs entre parenthèses au futur.

a. Оксана (положить). → ....
b. Друзья (помириться). → ....
c. Вы (узнать). → ....
d. Он (выйти). → ....
e. Я (занять). → ....
f. Мы (сесть). → ....
g. Ты (съесть). → ....
h. Они (взять). → ....
i. Вы (захотеть). → ....
j. Она (лечь). → ....

3 Reliez le bon verbe à son futur.

a. стать •
b. решать •
c. уйти •
d. привыкнуть •
e. решить •
f. стоять •
g. привыкать •
h. уходить •

• 1. я привыкну
• 2. я решу
• 3. я буду привыкать
• 4. я буду стоять
• 5. я буду уходить
• 6. я стану
• 7. я буду решать
• 8. я уйду

4 Conjuguez au futur les verbes entre parenthèses.

a. Я (ждать). → ....
b. Ты (сказать). → ....
c. Они (решить). → ....
d. Вы (думать). → ....
e. Он (положить). → ....
f. Мы (сидеть). → ....
g. Она (помыть). → ....
h. Они (звонить). → ....
i. Ты (лечить). → ....
j. Я (пережить). → ....

CHAPITRE 13 : LE FUTUR

La signification des aspects au futur

Le futur simple étant lié aux verbes perfectifs, il exprime le résultat de l'action, une action limitée dans le temps, le début d'une action suivie par une autre. Le futur composé quant à lui est lié aux imperfectifs, il exprime donc l'action elle-même, son déroulement, sa répétition. Notez la différence : **Завтра я посажу цветы.** = L'action sera terminée demain. **Завтра я буду сажать цветы.** = On ne sait pas si l'action sera terminée, mais on sait quelle action je vais effectuer demain. Ou encore : **Как всегда завтра я буду сажать цветы.** = Il s'agit d'une habitude.

5 Choisissez le bon futur.

a. Завтра Катя **пойдёт** / **будет ходить** в оперу.

b. Однажды мы **совершим** / **будем совершать** кругосветное путешествие.

c. По радио объявили, что весь день **пойдёт** / **будет идти** дождь.

d. Вы **займёте** / **будете занимать** у них денег до вечера?

e. В следующем году я **поживу** / **буду жить** в Казани.

f. Как обычно, после обеда папа **поспит** / **будет спать**, а мама **приготовит** / **будет готовить**.

g. Мария обещала, что **напишет** / **будет писать** письмо бабушке завтра утром, чтобы мы отправили его в обед.

h. Кем ты **поработаешь** / **будешь работать** после университета?

6 Complétez chaque phrase avec le bon verbe de mouvement et conjuguez-le au futur.

a. Через две недели бизнесмены (ехать/поехать) на переговоры в Москву.
→ ....

b. В следующем месяце Денис и Коля (зайти / заходить) к нам два раза в неделю.
→ ....

c. Начиная с января, каждый четверг Валя (идти / ходить) на танцы.
→ ....

d. Они (прийти / приходить) ровно в три.
→ ....

e. После уроков дети (побежать / бегать) по двору всю перемену.
→ ....

f. Я плохо чувствую себя, поэтому чуть позже я (пойти / ходить) к врачу.
→ ....

g. Несмотря на метель, учёные (полететь / лететь) на базу.
→ ....

h. Теперь бабушка живёт с нами, но каждое лето она (поехать / ездить) в деревню.
→ ....

i. Куда ты (поехать / ехать) в отпуск в следующем году?
→ ....

7 Employez le verbe imperfectif ou perfectif et accordez-le avec le sujet.

1. начинаться – начаться
Обычно лекция .... в восемь вечера, но завтра она .... в шесть.

2. закрываться – закрыться
Обычно магазины .... рано, но завтра они .... позже обычного.

3. заканчиваться – закончиться
Обычно все фильмы в этом кинотеатре .... около девяти, но сегодня вечером фильм .... в одиннадцать.

4. решаться – решиться
Обычно подобные проблемы .... долго, но в этот раз ваша проблема .... быстро.

CHAPITRE 13 : LE FUTUR

Если et когда

À la différence du français, le russe utilise le futur après **если**, *si* : **если будет хорошая погода, мы пойдем гулять.** → *S'il fait beau, nous irons nous promener.* Le futur peut également être utilisé après **когда**, *quand* : **когда прожуёшь, тогда и будешь разговаривать.** → *Quand tu auras fini de manger, tu parleras.*

Retenez que tous les temps du futur en français vont se traduire par les deux temps du futur en russe : simple ou composé.

8 Employez le futur et accordez le verbe avec le sujet.

a. Если у меня (быть) .... деньги, я (купить) .... тебе подарок.

b. Если ты (захотеть) ...., приходи ко мне вечером.

c. Когда они (понять) ...., что это не их дело, они (перестать) задавать ему вопросы.

d. Если в субботу не (быть) .... дождя, мы (поехать) .... в горы.

e. Когда вы (смочь) ...., тогда и (отдать) ....

f. Если у вас (появиться) .... конкуренты, вам (быть) .... намного сложнее развить бизнес.

Bravo, vous êtes venu à bout du chapitre 13 ! Il est maintenant temps de comptabiliser les icônes et de reporter le résultat en page 128 pour l'évaluation finale.

14
Le passé. Le conditionnel

Le passé

Le passé en russe est très simple. On remplace la terminaison **ть** par les terminaisons : **-л** pour le masculin, **-ла** pour le féminin, **-ло** pour le neutre et **-ли** pour tous les genres au pluriel. En effet la distinction du genre n'est possible qu'au singulier.

Le passé des verbes réfléchis est formé de la même manière, mais en ajoutant la terminaison **-ся** pour le masculin (après une consonne) et **-сь** pour le féminin, le neutre et le pluriel (après une voyelle).

Les verbes composés avec les suffixes **ва**, **ова**, **ева** qu'ils perdent au présent, les gardent au passé : **рисовать** – **рисует** mais **рисовал** ; **воевать** – **воюет** mais **воевал**.

	де́ла-ть, *faire* (imperfectif)		**де́ла-ться**, *se faire* (imperfectif)	
Singulier	M	де́лал	M	де́лался
	F	де́лала	F	де́лалась
	N	де́лало	N	де́лалось
Pluriel	tous genres	де́лали	tous genres	де́лались

1 Retrouvez l'infinitif des verbes au passé.

1. устала → ....
2. стоило → ....
3. решил → ....
4. спали → ....
5. затихло → ....

6. давала → ....
7. брал → ....
8. клал → ....
9. стояли → ....
10. вернулись → ....

2 Conjuguez les verbes suivants au passé.

a. улыбаться – он ....
b. забыть – вы ....
c. решиться – они ....
d. верить – она ....
e. жить – вы ....

f. радоваться – она ....
g. выращивать – он ....
h. дать – мы ....
i. забрать – вы ....
j. родиться – я ....

CHAPITRE 14 : LE PASSÉ – LE CONDITIONNEL

Verbes irréguliers

Il existe plusieurs verbes irréguliers au passé. Voici quelques exemples, vous en trouverez d'autres à la fin du cahier (p. 120) :

	идти, *aller, marcher* (imperfectif)	
Singulier	M	шёл
	F	шла
	N	шло
Pluriel	tous genres	шли

	умереть, *mourir* (perfectif)	
Singulier	M	у́мер
	F	умерла́
	N	у́мерло
Pluriel	tous genres	у́мерли

	мочь, *pouvoir* (imperfectif)	
Singulier	M	мог
	F	могла́
	N	могло́
Pluriel	tous genres	могли́

	вести, *amener* (imperfectif)	
Singulier	M	вёл
	F	вела́
	N	вело́
Pluriel	tous genres	вели́

3 Repérez les verbes au passé.

дам   подбежал   смеялся   позвать   решила   спеть   смог
ушёл   умер   отстриг   учимся   сделаешь   погас   ответь   вёз

4 Choisissez le bon passé au masculin.

a. дать
  1. дал   2. даст   3. давал

b. вынести
  1. выносил   2. вынесил   3. вынес

c. зевать
  1. зевал   2. зевнул   3. зевнал

d. вырасти
  1. вырастил   2. вырос   3. вырас

e. умереть
  1. умерл   2. умерел   3. умер

f. увлечь
  1. увлел   2. увлёк   3. увлёл

g. пойти
  1. пошёл   2. пойдёл   3. ходил

CHAPITRE 14 : LE PASSÉ – LE CONDITIONNEL

5 Reliez le verbe avec le sujet.

1. M 2. 3. 4.

занёс   смогла   читали   работало

Le conditionnel

Le conditionnel est formé sur la base du passé. On ajoute au verbe au passé, la particule **бы** (avant ou après le verbe) : **Мы (бы) поехали бы с вами.** → *Nous irions avec vous.* **Ты бы молчал!** → *Tu ferais mieux de te taire !* Dans le langage parlé, **бы** peut se réduire en **б** : **ты б молчал!**

Notez que dans les phrases avec **если**, *si*, on utilise le conditionnel dans les deux parties de la phrase. Dans ce cas, **бы** se place directement après **если** : **Если бы у нас были деньги, мы бы жили в доме на берегу моря.** → *Si nous avions de l'argent, nous vivrions dans une maison au bord de la mer.*

6 Observez la traduction et conjuguez les verbes au bon temps.

a. Если бы он ...., какой ты человек, никогда бы не .... с тобой дружить! → *S'il avait su quel type de personne tu étais, il ne serait jamais devenu ton ami !*

b. Если бы у нас .... время, мы .... бы пойти на прогулку. → *Si nous avions du temps, nous pourrions aller nous promener.*

c. Ты бы .... в магазин. Совсем хлеб кончился.
→ *Tu ferais bien d'aller au magasin. On n'a plus du tout de pain.*

d. Я .... бы увидеть тебя снова. → *Je voudrais te revoir.*

e. Если бы меня .... их мнение, я бы с ними ....… → *Si leur opinion m'intéressait, je leur parlerais.*

f. Не .... бы вы помочь Кате?
→ *Pourriez-vous aider Katia, s'il vous plaît ?*

g. Лучше бы ты с ним не ....! → *Tu ferais mieux de ne pas lui parler !*

CHAPITRE 14 : LE PASSÉ – LE CONDITIONNEL

7 Choisissez le bon temps pour les verbes entre parenthèses et accordez-les avec le sujet.

a. Вчера Надя сильно (устать).
→ ....

b. Если вы (пригласить) нас, мы обязательно (прийти).
→ ....

c. На следующей неделе дети (уехать) к бабушке.
→ ....

d. Каждый раз он (поступать) одинаково.
→ ....

e. Им всегда (хотеться) туда попасть, и они (купить) билеты.
→ ....

f. Если бы она (ходить) в школу, она бы (уметь) читать.
→ ....

8 Reliez les deux colonnes pour faire des phrases hypothétiques.

a. Если бы вы ему помогли, •
b. Если бы она любила его, •
c. Если бы вы предупредили их, •
d. Если бы у меня было больше денег, •
e. Если бы ты купил хлеба, •
f. Если бы я не верила тебе, •

• 1. я бы купил новую машину.
• 2. они бы не опоздали на собрание.
• 3. я бы никогда не рассказала тебе свою тайну.
• 4. он бы починил телевизор.
• 5. мы бы сделали бутерброды.
• 6. то не ушла бы к другому.

CHAPITRE 14 : LE PASSÉ – LE CONDITIONNEL

La signification des aspects au passé

L'imperfectif au passé indique :

- L'action elle-même et non son résultat. Cela peut être parce que l'action n'a pas donné de résultat. Ou bien que l'action n'a plus d'importance, car le résultat n'existe plus : **Почему стул всё ещё сломан? Его же вчера папа делал целый день...** → *Pourquoi la chaise est-elle toujours cassée ? Papa l'a réparée toute la journée hier...* **Её не было в офисе, когда я заходил. – Да, она выходила, но уже вернулась.** → *Elle n'était pas au bureau quand je suis passé. – Oui, elle était sortie, mais elle est déjà revenue.*

- Une action qui dure : **Она читала эту книгу целый месяц.** → *Elle a lu ce livre pendant un mois entier.*

- Une action qui se répète : **Каждые выходные они выезжали на природу.** → *Chaque week-end, ils allaient en plein air.*

- Des actions qui se passent en même temps ou l'une après l'autre, mais sans mettre l'accent sur le résultat : **Когда они были молоды, они танцевали и пели до утра.** → *Quand ils étaient jeunes, ils dansaient et chantaient jusqu'au matin.* **Летом мы вставали поздно, завтракали, шли на пляж, а в обед и вовсе не ели.** → *En été, nous nous levions tard, petit-déjeunions, allions à la plage et à midi, nous ne mangions même pas.*

Le perfectif au passé indique :

- Le résultat de l'action : **Зачем вы закрыли дверь?** → *Pourquoi avez-vous fermé la porte ?* La porte est toujours fermée, on constate le résultat de l'action.

- Le début ou la fin d'une action : **Она засмеялась.** → *Elle s'est mise à rire.* **Всё закончилось.** → *Tout s'est terminé.*

- Une action courte et terminée : **Мы позвонили ему.** → *Nous lui avons téléphoné.* **Я уже поел.** → *J'ai déjà mangé.* **Она немного поспала.** → *Elle a un peu dormi.*

- L'enchaînement des actions : **Он проснулся, поел и пошёл на работу.** → *Il s'est levé, a mangé et est parti au travail.*

CHAPITRE 14 : LE PASSÉ – LE CONDITIONNEL

9 Choisissez le bon verbe et mettez-le au passé.

a. Вчера мы (**ходить / пойти**) в театр.
→ ....

b. Он (**решать / решить**) поехать туда на неделю.
→ ....

c. В лагере каждый день (**начинаться / начаться**) с зарядки.
→ ....

d. Вы всегда (**хотеть / захотеть**) познакомиться со мной.
→ ....

e. Он любит её с тех пор, как впервые её (**видеть / увидеть**).
→ ....

f. Куда он (**идти / уйти**)? → ....

g. Они (**смотреть / посмотреть**) все картины на выставке.
→ ....

h. Вечером (**идти / пойти**) снег. → ....

10 Traduisez les verbes français entre parenthèses.

a. Мы (*avons commencé*) .... изучать китайский пять лет назад.

b. Она (*allait en voiture*) .... в горы каждое лето.

c. Он (*as pris*) .... эту книгу в библиотеке на неделю и теперь читатет её.

d. Вы (*avez entendu*) .... новость?

e. Он ездил на озеро. – Он (*avait pris*) .... с собой детей?

f. Коли нет ? – Нет, он куда-то (*est sorti*) ....

CHAPITRE 14 : LE PASSÉ – LE CONDITIONNEL

11 **Choisissez le bon infinitif après les verbes au passé.**

a. Нина начала (**делать** – **сделать**) пельмени.

b. Мама сказала сейчас же (**прекращать** – **прекратить**) нашу игру.

c. Валя продолжала (**искать** – **найти**) свои ключи.

d. Антон решил (**идти** – **пойти**) в парк.

e. Ксения забыла (**выключать** – **выключить**) плиту.

f. Петя обещал (**убирать** – **убрать**) свою комнату каждое утро.

g. Вова умел (**играть** – **поиграть**) в шахматы.

12 **Corrigez le verbe quand c'est nécessaire.**

a. Стас долго прочитал книгу. → ....

b. Татьяна всегда знала, что он любит её. → ....

c. Вы уже пили всю бутылку? → ....

d. Миша несла сумку домой. → ....

e. Они всегда покупали мясо на рынке. → ....

f. Раньше мы всё узнали от вас, а теперь вы ничего нам не говорите.
→ ....

Bravo, vous êtes venu à bout du chapitre 14 ! Il est maintenant temps de comptabiliser les icônes et de reporter le résultat en page 128 pour l'évaluation finale.

15 L'impératif

L'impératif

L'impératif exprime un ordre, une demande, une interdiction ou un avertissement, bref toute incitation à une action (ou non-action). Ce temps s'applique à la 1ʳᵉ personne du pluriel, à la 2ᵉ personne du singulier et du pluriel, et à la 3ᵉ personne du singulier et du pluriel.

Pour former la 2ᵉ personne du singulier, prenez la base de la 1ʳᵉ personne du singulier (au présent pour les imperfectifs et au futur pour les perfectifs) et ajoutez le suffixe **и** : идти, *aller* — ид–у ➔ ид–и, *va* ; смотреть, *regarder* — смотр–ю ➔ смотр–и, *regarde* ; говорить, *parler* — говор–ю ➔ говор–и, *parle*.
Le plus souvent, le suffixe **и** apparaît dans le mot avec la syllabe finale accentuée à la 1ʳᵉ personne du singulier et disparaît sans accent : иду́, *je vais* (accent final) ➔ иди́ ; уда́рю, *je frapperai* (accent au milieu du mot) ➔ уда́рь ; де́лаю, *je fais* (accent sur la première syllabe) ➔ де́лай.

Néanmoins, il y a beaucoup de cas où la lettre **и** est conservée dans les syllabes non accentuées et où, au contraire, le mot la perd dans les syllabes accentuées. Par exemple :

- La lettre **и** est conservée dans les verbes dont la base se termine en plusieurs consonnes qui se suivent ou en **щ** : тащить, *traîner* — тащ–у ➔ тащ–и, *traîne*. Beaucoup de verbes possèdent des variantes : морщить, *froncer* — морщ–у ➔ морщ–и et морщ–ь.
- Les verbes avec le préfixe **вы́** accentué, mais avec l'accent final sans le préfixe : вы́носить, *porter à terme*, вы́ношу mais носи́ть, *porter*, ношу́ ➔ нос–и́.
- Tous les verbes dont la syllabe finale est accentuée, à l'exception des verbes en **ить**, perdent **и** après le son [jod] et il est remplacé par **й** : петь, *chanter*, пою, *je chante* (accent final) ➔ пой ; mais поить, *donner à boire*, пою, *je donne à boire* (accent final) ➔ пои.

CHAPITRE 15 : L'IMPÉRATIF

Le pluriel à l'impératif

Le pluriel à l'impératif est formé par l'ajout de la particule **те** à la 2ᵉ personne du singulier : **иди ➔ идите** ; **ударь ➔ ударьте** ; **возьмись ➔ возьмитесь**.

Notez que si la forme de l'impératif se termine par une consonne, on y ajoute un signe mou : **стань, брось**. Le signe mou est conservé au pluriel : **станьте, бросьте**. Attention à l'exception : **ляг, лягте**, du verbe **лечь**, *se coucher, s'allonger*.

1 Entourez le bon impératif.

a. *vis !* ➔ живи / живите
b. *criez !* ➔ крикнете / крикните
c. *va-t'en !* ➔ уйдь / уйди
d. *écoute !* ➔ слушай / слушаи
e. *oublie !* ➔ забуди / забудь
f. *tapez !* ➔ стукните / стукнете
g. *laisse !* ➔ остави / оставь
h. *essuyez !* ➔ вытрете / вытрите

Les verbes irréguliers

Quel est l'impératif de **ехать**? **Едь, Ехай**... Eh bien non ! Ce verbe forme l'impératif **поезжай**, mais dans le langage parlé, on peut également entendre **езжай** qui est plus ou moins toléré. En revanche **едь** et **ехай** sont à bannir. **Пойти** à la 1ʳᵉ personne du pluriel a également une variante dans le langage parlé : **пошли** qui vient en plus de la forme correcte **пойдём**.

D'autres verbes voient apparaître une voyelle en plus dans leur base : **бить**, *frapper*, **лить**, *verser*, **пить**, *boire*, **шить**, *coudre* = **бей, лей, пей, шей**.

Certains sont complètement irréguliers : **быть**, *être* = **будь** ; **есть**, *manger* = **ешь**.

2 Formez l'impératif de la 2ᵉ personne du singulier des verbes suivants.

a. мешать ➔ ....
b. улыбнуться ➔ ....
c. лезть ➔ ....
d. решать ➔ ....
e. давать ➔ ....
f. вернуться ➔ ....
g. петь ➔ ....
h. держать ➔ ....
i. решить ➔ ....
j. лопнуть ➔ ....
k. мыть ➔ ....
l. доить ➔ ....

CHAPITRE 15 : L'IMPÉRATIF

3 Soulignez l'impératif correct.

a. прятаться	➡	прячься	/	прятайся	/	пряться
b. шить	➡	шийте	/	шивайте	/	шейте
c. поехать	➡	поедь	/	поезжай	/	поехай
d. искать	➡	иски	/	ищи	/	искай
e. любить	➡	любите	/	люблите	/	любете
f. записать	➡	записи	/	записий	/	запиши
g. рисовать	➡	рисуйте	/	рисовайте	/	рисуите
h. упасть	➡	упадь	/	упади	/	упасти

Les autres personnes de l'impératif

Pour la 1ʳᵉ personne du pluriel ainsi que pour la 3ᵉ personne du singulier et du pluriel, l'impératif est un appel à une action commune ou une suggestion. On utilise alors les structures suivantes :

- Le verbe **давать** à l'impératif (**давай** si l'on s'adresse à une personne en la tutoyant ou **давайте** si l'on s'adresse à plusieurs personnes ou pour vouvoyer) + l'infinitif du verbe à l'imperfectif ou la 1ʳᵉ personne du pluriel au futur : **Давай играть вместе!** ➡ *Allez, on joue ensemble !*, **Давайте сделаем это!** ➡ *Faisons cela !* Certains verbes ont également une forme avec **те** à la 1ʳᵉ personne du pluriel : **пойдёмте!** ➡ *Allons-y !* Mais attention, cela concerne seulement certains verbes, c'est pourquoi nous vous conseillons d'utiliser les structures précédentes pour ne pas vous tromper.

- Avec les mots **пусть** ou **пускай** (ce dernier étant réservé au langage parlé) + la 3ᵉ personne du singulier ou du pluriel au présent : **Пусть он сам туда идёт!** ➡ *Qu'il y aille lui-même !*

L'impératif en bref

	Singulier	Pluriel
1ʳᵉ personne		давайте выбросим, давайте встречаться
2ᵉ personne	найди, забудь, дай, остановись	замолчите, оставьте, решайте, улыбнитесь
3ᵉ personne	пусть (ou пускай) идёт, пусть успокоится	пусть (ou пускай) споют, пусть займутся

CHAPITRE 15 : L'IMPÉRATIF

4 Mettez les verbes entre parenthèses à l'impératif.

a. (Взять) меня с собой! *Emmène-moi avec toi!*
→ ....

b. (Играть) вместе! *Jouons ensemble!*
→ ....

c. (Сделать) это сейчас! *Qu'il le fasse maintenant!*
→ ....

d. (Написать) нам завтра! *Écrivez-nous demain!*
→ ....

e. (Решать) сам! *Décide toi-même!*
→ ....

f. (Рассказывать), что хотят! *Qu'ils racontent ce qu'ils veulent!*
→ ....

g. Не (кричать)! *Ne criez pas!*
→ ....

h. (Отстать) от меня! *Laissez-moi tranquille!*
→ ....

Rappel...

Certaines formes se prononcent de la même manière. N'oubliez pas qu'à l'impératif on écrit la lettre **и** même à la 1ʳᵉ conjugaison : **вы пишете** → *vous écrivez*, mais **Пишите!** → *Écrivez!*

5 Remplissez les trous avec la bonne lettre.

a. 1. Вы выбер☐те ей подарок сами.
   2. Выбер☐те, пожалуйста, ей подарок.

b. 1. Доктор, скорее выпиш☐те мне лекарство!
   2. Если вы выпиш☐те мне лекарство, мне полегчает.

c. 1. Когда вы задума☐тесь над жизнью, будет поздно.
   2. Задума☐тесь над жизнью, пока не поздно.

d. 1. Вытр☐те пыль с полок!

2. Когда же вы вытр☐те пыль с полок?

e. 1. Что вы ищ☐те в моём ящике?

2. Если хотите, то ищ☐те в моём ящике.

f. 1. Вы уже скоро выйд☐те из леса.

2. Поскорее выйд☐те из леса!

L'impératif « positif »

L'impératif « positif » (par opposition à l'impératif qui prévoit la négation) reprend les intentions de l'aspect au présent :

IMPERFECTIF	PERFECTIF
Une action qu'on demande d'effectuer régulièrement : **Покупай молоко на ферме.** ➔ *Achète le lait à la ferme.*	Une action momentanée : **Купи, пожалуйста, сыра!** ➔ *Achète du fromage, s'il te plaît !* **Посмотри направо!** ➔ *Regarde à droite !*
Mettre l'accent sur le déroulé de l'action sans s'intéresser à son résultat : **Делай, я потом посмотрю.** ➔ *Fais, je regarderai plus tard.*	Mettre l'accent sur le résultat de l'action, le fait de terminer une action : **Выпей сок!** ➔ *Bois le jus !* **Доешь, а потом гуляй.** ➔ *Finis de manger et après va te promener.*
L'invitation à commencer une action : **Читайте и переводите!** ➔ *Lisez et traduisez !* **Говори!** ➔ *Parle !*	Un ordre à exécuter immédiatement : **Замолчи!** ➔ *Tais-toi !* **Выйди!** ➔ *Sors !*

CHAPITRE 15 : L'IMPÉRATIF

6 **Choisissez la bonne forme de l'impératif et conjuguez-la.**

a. Кто это? (знакомить / познакомить) нас!
Qui est-ce ? Présente-nous !

→ ....

b. Я голоден. – И я. (обедать / пообедать) вместе!
J'ai faim. – Moi aussi. Mangeons ensemble !

→ ....

c. (Говорить / Сказать), пожалуйста, где находится вокзал?
Pourriez-vous me dire où est la gare, s'il vous plaît ?

→ ....

d. Не (врать / соврать) мне! *Ne me mens pas !*

→ ....

e. У нас соль кончилась. (Идти / Сходить) в магазин!
On n'a plus de sel. Fais un saut au magasin !

→ ....

f. Век (жить / пожить), век (учиться / научиться)!
On en apprend tous les jours (un siècle vis, un siècle apprends) !

→ ....

g. Не (покупать / купить) овощи в этом магазине!
N'achète pas les légumes dans ce magasin !

→ ....

h. Никогда не (говорить / сказать) «никогда»! *Jamais ne dis « jamais » !*

→ ....

7 **Donnez un conseil aux personnages. ex. :** У Лены сильный кашель. – (Вызвать) врача! → Вызови врача!

a. Они очень сильные. – А вы (напасть) на них первыми!

→ ....

b. Анжелика совсем не замечает Игоря. – Анжелика, (взглянуть) же на него!

→ ....

c. У Насти пустой холодильник. – Настя, (сбегать) в магазин!

→ ....

CHAPITRE 15 : L'IMPÉRATIF

d. Вы всё ещё курите? – (Бросать) курить!
→ ....

e. Вадим и Антон слишком много выпили. – Друзья, (перестать) пить!
→ ....

f. Ксения решила бросить работу. – Ксения, сначала (посоветоваться) с мамой!
→ ....

g. Саша и Андрей спорят уже час. – Господа, (прекратить) спорить!
→ ....

h. Инна забыла у нас документы. – (Выслать) ей их по почте!
→ ....

8 Transformez les phrases comme dans l'exemple.
ex. : Ты хочешь пить. → **Выпей воды !**

a. Окно открыто. Мне холодно. → .... окно!

b. Не могу идти туда один. → .... со мной!

c. У тебя два банана, а у меня ни одного. → .... мне один!

d. Хочу с ним связаться. У него есть телефон?
→ Да, конечно. .... ему!

e. У Кати день рождения. → .... к ней вечером!

L'impératif « négatif »

L'impératif « négatif » est formé surtout à partir des verbes imperfectifs. Il exprime l'interdiction d'effectuer une action : **Не бегай!** → *Ne cours pas !* ; **Не ходи туда!** → *N'y va pas !*

L'impératif négatif perfectif est souvent utilisé dans des expressions figées : **Не купи дом, купи соседа!** → *N'achète pas une maison, achète un voisin !*

Il exprime un avertissement, met l'interlocuteur en garde contre une action qui pourrait avoir des conséquences indésirables ou dangereuses : **Не наступи в лужу, промочишь ноги!** → *Ne marche pas dans la flaque, tu auras les pieds mouillés !* Souvent, il s'agit d'actions qu'on ne contrôle pas ou peu : **смотри не упади!** → *Fais attention à ne pas tomber !*

Les verbes fréquemment utilisés à l'impératif perfectif sont **забыть** et **подумать** (mais aussi **вздумать, выдумать,** etc.) : **Не забудь ключи!** → *N'oublie pas les clés !* ; **Не вздумайте купить это!** → *Ne pensez même pas à acheter ça !*

CHAPITRE 15 : L'IMPÉRATIF

9 Interdisez aux personnages de faire ce qu'ils veulent (utilisez l'impératif à la 2e personne du singulier ou du pluriel). ex. : Лора хочет идти в кино. → Не ходи в кино!

a. Максим хочет купить мотоцикл. → ....

b. Дети хотят пропустить школу. → ....

c. Витя хочет отдать свою собаку. → ....

d. Мальчик хочет обидеть друга. → ....

e. Люди хотят купить билеты. → ....

f. Врач хочет посадить его на больничный. → ....

g. Лиза хочет ходить на танцы. → ....

h. Одноклассники смеются надо мной. → ....

10 Traduisez les phrases suivantes.

a. *Donne-moi le verre, s'il te plaît !* → ....

b. *Elle adore les fleurs. Offre-lui des roses !* → ....

c. *Apprenez-moi à jouer du violon !* → ....

d. *N'oublie pas de nous rendre le stylo !* → ....

e. *Envoyez-moi un message !* → ....

f. *Regarde, ils sont en bas !* → ....

g. *Attendez, je suis en train de parler au téléphone !* → ....

h. *Invite-la au théâtre !* → ....

i. *Répétez encore une fois, s'il vous plaît !* → ....

j. *Aide maman à faire la vaisselle !* → ....

Bravo, vous êtes venu à bout du chapitre 15 ! Il est maintenant temps de comptabiliser les icônes et de reporter le résultat en page 128 pour l'évaluation finale.

L'orthographe : signe mou et signe dur

Signe mou et signe dur

Le signe mou **ь** et le signe dur **ъ** sont deux lettres assez surprenantes pour ceux qui apprennent la langue russe. Elles ne se prononcent pas, mais sont importantes, car elles modifient la prononciation de la lettre qui les précède. Il est important de retenir que le signe dur s'écrit toujours après un préfixe, jamais à l'intérieur ni à la fin des mots. Le signe mou, au contraire, s'écrit à l'intérieur ou à la fin des mots.

Il est intéressant de remarquer qu'avant la réforme de la langue russe de 1918, le signe dur s'écrivait à la fin des mots après les consonnes dures et le signe mou s'écrivait après les chuintantes ou les consonnes qui devaient être molles. Mais, depuis cette date, le signe dur ne s'écrit plus à la fin des mots.

❶ Traduisez les mots suivants.

a. мышь → ....
b. объявление → ....
c. вещь → ....
d. отъезд → ....
e. спать → ....
f. дождь → ....
g. помощь → ....
h. конь → ....
i. веселье → ....
j. смеяться → ....
k. льдинка → ....
l. съесть → ....

Le signe mou à l'intérieur des mots

Lorsqu'il se trouve à l'intérieur d'un mot, le signe mou a pour fonction de séparer deux lettres pour les prononcer indépendamment. Le signe mou permet de ramollir la lettre précédente et de ne pas la prononcer en liaison avec la voyelle qui la suit. Comparez ces deux mots à l'orthographe identique à l'exception du signe mou : **семья**, *famille*, **семя**, *graine*.

Pour ne pas le confondre avec le signe dur, sachez qu'il s'écrit dans les cas suivants :

- devant les lettres **е**, **ё**, **и**, **ю** et **я** à l'intérieur des mots : **вьюга**, *tempête de neige* ; **варенье**, *confiture* ; **бьёт**, *il bat* ; **обезьяна**, *singe* ;
- dans certains mots empruntés à d'autres langues, on écrira le signe mou devant **о** : **почтальон**, *facteur* ; **бульон**, *bouillon*.

CHAPITRE 16 : L'ORTHOGRAPHE : SIGNE MOU ET SIGNE DUR

② Mettez le signe mou là où c'est nécessaire.

a. вороб☐и, *moineaux*
b. бук☐ва, *lettre*
c. плат☐е, *robe*
d. книж☐ка, *livre*
e. леги☐он, *légion*
f. пал☐то, *manteau*
g. медал☐он, *médaillon*
h. сем☐я, *famille*

Le signe mou dans les formes verbales

Le signe mou peut servir également à ramollir la lettre précédente :

- à la fin de l'infinitif verbal : **плыть**, *nager* ; **лечь**, *se coucher*, etc. Ainsi que dans les infinitifs des verbes pronominaux : **смеяться**, *rire*. Attention, à ne pas confondre dans certains verbes l'infinitif avec la forme de la 3ᵉ personne où il n'y a pas de signe mou : **нравиться**, *plaire*, mais **это мне нравится** → *cela me plaît* ;
- comme on l'a vu dans le chapitre précédent, le signe mou s'écrit à la fin des impératifs après les consonnes : **оставь**, *laisse* ; **забудься**, *oublie-toi*, etc. ;
- à la fin de la forme de la 2ᵉ personne du singulier au présent ou au futur simple : **даёшь**, *tu donnes* ; **вылечишься**, *tu guériras*, etc.

③ Corrigez les mots avec le signe mou quand il le faut.

— Ты никогда не остаёшся после уроков играт с нами в футбол.

→ ....

— Верно. Как толко занятия заканчиваються, мне нужно бежат на сольфеджио или на пение. Я занимаюс музыкой.

→ ....

— Неужели ты не устаёшь?

→ ....

— Знаеш, не очен. Мне всё это так нравиться, что я даже отдыхаю на этих занятиях. Я не знаю, как ты выдерживаеш сумасшедший ритм беготни по двору, крики. Неужели ты так любишь футбол?

→ ....
....

— Не повериш, но я как раз на футбольном поле и не устаю…

→ ....

CHAPITRE 16 : L'ORTHOGRAPHE : SIGNE MOU ET SIGNE DUR

Signe mou après les chuintantes dans les noms

Lorsque le signe mou est placé à la fin des substantifs féminins et masculins, il modifie la prononciation des lettres finales en les ramollissant. Il faut les apprendre par cœur, car il n'y a pas de règle particulière : **мать**, *mère* ; **путь**, *voie*.

En revanche, quand le signe mou se retrouve après les chuintantes à la fin des mots, il n'est pas audible, car les sons que donnent les lettres **ж**, **ш** et **ц** sont toujours durs et les sons **ч**, **щ** sont toujours mous. Il faut donc retenir que le signe mou s'écrit seulement à la fin des mots féminins aux Nominatif et Accusatif singulier quand il suit une chuintante (**ж**, **ч**, **ш**, **щ**) : **ночь**, *nuit* ; **молодёжь**, *jeunesse*.

4 Ajoutez le signe mou quand c'est nécessaire.

- **a.** палач ☐, *bourreau*
- **b.** мелоч ☐, *petite monnaie*
- **c.** врач ☐, *docteur*
- **d.** мощ ☐, *puissance*
- **e.** товарищ ☐, *camarade*
- **f.** луч ☐, *rayon*
- **g.** брош ☐, *broche*
- **h.** плащ ☐, *imperméable*
- **i.** доч ☐, *fille*
- **j.** плач ☐, *pleure*
- **k.** желч ☐, *bile*
- **l.** фарш ☐, *farce*

Signe mou après les chuintantes dans les adverbes et les particules

Le signe mou s'écrit dans tous les adverbes après les lettres finales **ж**, **ш** et **ч** : **вскачь**, *au grand galop* ; **навзничь**, *en arrière, sur le dos* ; **наотмашь**, *revers de main* ; **напрочь**, *complètement* ; **настежь**, *grand ouvert* ; **невмочь**, *trop de peine à faire quelque chose* ou *vraiment besoin de faire quelque chose* ; **прочь**, *en dehors de, loin de* (éloignement) ; **сплошь**, *entièrement* ; **точь-в-точь**, *exactement*.

Il existe trois exceptions : **уж**, **замуж**, **невтерпёж**.

On retrouve le signe mou à la fin des particules **бишь**, **вишь**, **ишь** et **лишь** : Лишь бы он не ушёл!
→ *Pourvu qu'il ne parte pas!*

CHAPITRE 16 : L'ORTHOGRAPHE : SIGNE MOU ET SIGNE DUR

 5 Classez les mots de la liste dans la bonne colonne.

трубач_ / хорош_ / моеш_ / москвич_ / привлеч_ / настеж_ / изречёт_
малыш_ / рож_ / паралич_ / встан_те / невтерпёж_ / фальш_ / дич_
брееш_ся / ставят_ / шалаш_ / гуаш_ / грач_ / съеш_ / душ_ / полноч_
царевич_ / вош_ / откажис_ / отец_ / вездесущ_ / реч_

Sans signe mou	Avec signe mou

Particularité du signe mou à l'intérieur des mots

Comme on l'a vu, le signe mou peut avoir la fonction de séparateur, et parfois il ramollit simplement des lettres. Même les russophones peuvent se tromper dans l'orthographe des mots comportant le signe mou, car il n'y a pas vraiment de règle, c'est la langue qui exige telle ou telle prononciation pour garder le sens correct du mot. Lorsqu'il s'agit d'un mot dérivé d'un autre mot, on peut vérifier l'orthographe en recherchant des mots de la même racine : **больной**, *malade* (**боль**, *douleur*).

Dans les deux exercices suivants, vous retrouverez les mots les plus courants avec le signe mou séparateur des lettres ainsi que dans sa fonction de ramollissement. Vous en connaissez sûrement déjà beaucoup !

CHAPITRE 16 : L'ORTHOGRAPHE : SIGNE MOU ET SIGNE DUR

6 Ajoutez le signe mou là où c'est nécessaire et traduisez les mots.

мел☐ница	→	ал☐бом	→ ....
мал☐чик	→	шап☐ка	→ ....
пал☐ка	→	отвёрт☐ка	→ ....
учител☐ница	→	пал☐то	→ ....
сол☐нце	→	стен☐ка	→ ....
бол☐ной	→	мален☐кий	→ ....
сем☐я	→	капел☐ка	→ ....
вол☐я	→	мес☐то	→ ....
нел☐зя	→	плат☐е	→ ....
бор☐ба	→	крыл☐цо	→ ....
дол☐я	→	штан☐га	→ ....
кол☐цо	→		

7 Reliez les mots de la même racine.

a. польза
b. сделать
c. соль
d. лью
e. нетленный
f. полезть

1. дело
2. лезу
3. тлеть
4. солёный
5. полезный
6. пролить

Le signe dur

Le signe dur a la fonction de séparateur entre deux lettres. Il s'écrit dans les cas suivants :

- après les préfixes, ainsi que dans les mots commençant par **двух**, **трёх**, **четырёх**, suivi des voyelles **е**, **ё**, **и**, **ю** et **я** qui normalement ramollissent les consonnes ; ainsi, la consonne donne-t-elle toujours un son dur : **съездить**, *aller* ; **подъём**, *montée* ; **объявление**, *annonce* ; **двухъярусный**, *à deux niveaux* ;

- dans les emprunts à une autre langue quand le mot commence par **аб**, **ад**, **ин**, **интер**, **кон**, **контр**, **об**, **суб**, **транс** suivi par une voyelle « ramollissante » : **субъективный**, *subjectif* ; **адъютант**, *officier d'ordonnance*, etc.

CHAPITRE 16 : L'ORTHOGRAPHE : SIGNE MOU ET SIGNE DUR

 Signe dur ou pas ? Remplissez le tableau avec les mots de la liste.

с_тарший / с_ем / об_иход / рас_сказ / об_ём / под_нять / с_езд
ад_ютант / аб_ажур / фотооб_ектив / с_ёмка / вы_ходка / пы_лесос
из_ять / трёх_колёсный / под_езд / с_едобный / под_ход / из_ян
с_нос / двух_этажный / двух_ярусный

Sans signe dur	Avec signe dur

 Reliez le bon début de mot avec la suite.

в
из
об
раз

ъ

едки
ярённый
едливый
явить

CHAPITRE 16 : L'ORTHOGRAPHE : SIGNE MOU ET SIGNE DUR

10. Complétez les mots avec le signe mou ou dur.

ад☐ютант	дерев☐я	из☐ять	сосредоточ☐ся
раз☐ём	необ☐ятный	парен☐	с☐езд
июн☐	ин☐екция	неиз☐яснимый	площад☐
с☐язвить	ал☐бом	намаж☐	пит☐
огон☐ки	пис☐мо	от☐явленный	рубл☐
без☐языкий	раз☐яснить	телеоб☐ектив	суб☐ективно
пол☐за	апел☐син	вскач☐	корен☐
с☐есть	под☐ёмник	знат☐	об☐ятия
ч☐ё	об☐ект	кон☐юнктивит	нол☐
в☐явь	л☐дина	настеж☐	купаеш☐ся
бол☐но	сил☐ный	в☐ехать	с☐естное

Bravo, vous êtes venu à bout du chapitre 16 ! Il est maintenant temps de comptabiliser les icônes et de reporter le résultat en page 128 pour l'évaluation finale.

109

L'accent tonique

L'accent tonique

Il est très important dans la langue russe, parfois même il change le sens du mot, mais il n'est pas évident à cerner. Les Russes ne le marquent pas à l'écrit, vous pouvez le trouver uniquement dans les livres pour enfants quand ils apprennent à lire. Dans ce cas la lettre porte un accent aigu. Attention à la lettre **ё** qui est toujours accentuée et qui ne porte donc pas d'accent aigu pour l'indiquer. Autre astuce, dans les mots monosyllabiques l'accent est forcément sur la voyelle.

La difficulté de l'accent tonique russe est liée au fait qu'il n'obéit pas à des règles strictes et n'est pas fixe, comme en français où il est toujours sur la dernière syllabe. L'accent russe peut être sur le début, le milieu ou la fin du mot : **лу́жа**, *flaque* ; **ребёнок**, *enfant* ; **кула́к**, *poing*. Souvent, pour les mots longs, l'accent est sur le milieu du mot pour faciliter la prononciation.

Mais ce n'est pas tout ! L'accent russe est susceptible de se déplacer lors de la déclinaison ou conjugaison : **стена́** (nominatif singulier), **сте́ны** (nominatif pluriel). Les syllabes non-accentuées se prononcent de façon atténuée et, comme vous le savez, plusieurs voyelles changent carrément de prononciation : **о → а**, **е → и** ou **ié**.

1 Classez les mots suivants d'après l'accent tonique.

лицо / крыша / отдельный / рисунок / спальня / ёжик / сапог
кроссовки / земля / хороший / кошелёк / оставить / Англия / надежда
туфли / мираж / розовая / человек / веселье / утка / убрать

Début du mot	Milieu du mot	Fin du mot

CHAPITRE 17 : L'ACCENT TONIQUE

L'accent des mots courants

Sachez que les Russes eux-mêmes doutent de la place correcte de l'accent tonique dans beaucoup de mots. Les plus usuels et à retenir sont : **ша́рфы**, *les écharpes* (avec l'accent immobilisé à la première syllabe pour toutes les formes) ; **торт** (**то́рты**, **то́рта**, etc.), *gâteau* (avec l'accent immobilisé à la première syllabe) ; **ста́туя**, *statue* ; **жалюзи́**, *store vénitien* ; **цепо́чка**, *chaîne* ; **шофёр**, *conducteur* ; **катало́г**, *catalogue* ; **кварта́л**, *quartier* ; **ара́хис**, *arachide* ; **балова́ть**, *gâter* ; **включён**, *allumé* ; **досу́г**, *loisir* ; **петля́**, *nœud*, etc.

L'accent tonique peut changer d'une région à l'autre et des variantes d'un même mot sont possibles notamment pour les mots de jargon appartenants à la langue parlée. Il y a également des accents propres à un métier : **шпри́цы**, *seringues*, mais **шприцы́** pour les médecins, etc.

Voici quelques exemples de mots problématiques. Ils sont à retenir : **аге́нт**, **алфави́т**, **ба́рмен**, **бо́чковое**, **вероиспове́дание**, **верхове́нство**, **гражда́нство**, **дефи́с**, **дио́птри́я** (les deux accents sont acceptés dans la langue aujourd'hui), **диспансе́р**, **жалюзи́**, **зави́дно**, **изы́ск**, **и́конопись**, **иконопи́сец**, **исче́рпать**, **катало́г**, **каучу́к**, **кладова́я**, **ку́хонный**, **мастерски́**, **месси́я**, **мусоропрово́д**, **недви́жимость**, **несказа́нно**, **новорождённый**, **обесце́нить**, **облегчи́ть**, **ободри́ть**, **опто́вый**, **осве́домиться**, **прину́дить**, **сре́дства**, **столя́р**, **ста́тус**, **тамо́жня**, **танцо́вщица**, **украи́нский**, **фено́мен**, **хво́я**, **хода́тайство**, **щаве́ль**, **экспе́рт**, etc.

2 **Reliez la bonne traduction à chaque mot.**

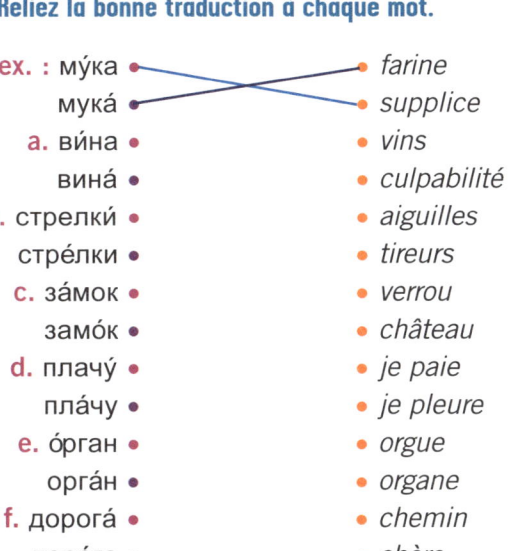

ex. : му́ка • — • farine
муќа́ • — • supplice
a. ви́на •   • vins
вина́ •   • culpabilité
b. стрелки́ •   • aiguilles
стре́лки •   • tireurs
c. за́мок •   • verrou
замо́к •   • château
d. плачу́ •   • je paie
пла́чу •   • je pleure
e. о́рган •   • orgue
орга́н •   • organe
f. доро́га •   • chemin
доро́га •   • chère
g. кру́жки •   • tasses
кружки́ •   • clubs

CHAPITRE 17 : L'ACCENT TONIQUE

Accentué ou pas ?

- Les prépositions et les particules ne sont pas acentuées elles-mêmes, mais elles se lient à des mots qui portent le sens et l'accent : **пойду́ ли**, **не была́**. Les prépositions faiblement accentuées toutes seules, perdent leur accent quand elles se lient à un mot : **пе́ред** – **перед на́ми**. Attention, dans la négation **не́ было** l'accent passe exceptionnellement sur la particule négative.

- Certaines prépositions et conjonctions ne perdent pas leur accent au contact des autres mots : **вдоль**, *le long de* ; **кро́ме**, *à part* ; **ме́жду**, *entre* ; **напро́тив**, *en face* ; **но**, *mais* ; **ря́дом с**, *à côté de* ; **то́чно**, *comme*.

- Parfois les prépositions **без**, **за**, **из**, **на**, **по**, **под** prennent l'accent du mot qui les suit. Retenez les cas les plus répandus : **бе́з вести**, **бе́з толку**, **за́ голову**, **за́ уши**, **и́з лесу**, **и́з дому**, **на́ гору**, **на́ год**, **на́ нос**, **на́ день**, **по́ морю**, **по́ лесу**, **по́ уху**, **под ноги**, **под гору**, etc. Retenez également quelques expressions : **час о́т часу**, **год о́т году**, **до́ ночи**, etc.

- Les mots composés et les mots avec les préfixes **анти-**, **меж-**, **около-**, **контр-**, **сверх-**, **супер-**, **экс**, etc., peuvent avoir un accent secondaire qui se place au début du mot, tandis que l'accent principal se place vers la fin du mot : **ви́це-президе́нт**, *vice-président* ; **во́донепроница́емый**, *étanche*. Mais attention, parmi les mots composés, il y a également beaucoup de mots à accent unique : **автомоби́ль**, *automobile*.

3. Accentuez correctement les mots suivants.

a. таможня
b. без толку
c. оптовый
d. не было
e. статуя
f. за уши
g. петля
h. цепочка
i. каталог
j. щавель

4. Mettez un ou deux accents.

a. околоземный
b. односоставный
c. водонепроницаемый
d. обеспечение
e. контратака
f. самолётостроение
g. баловаться
h. межобластной

CHAPITRE 17 : L'ACCENT TONIQUE

L'accent tonique dans les noms

Sachez que les noms empruntés à la langue française sont accentués à la fin (sauf quelques rares exceptions) : **макия́ж**, *maquillage* ; **табуре́т**, *tabouret* ; **эта́ж**, *étage*.

Pour les autres noms, il faut retenir des mots-types qui regroupent une accentuation spécifique. Nous ne pouvons pas présenter tous les types dans cet ouvrage mais vous trouverez les plus courants.

- La catégorie la plus importante a l'accent fixe sur le radical : **кни́га**, *livre*, **кни́гу**, **кни́ги**, **книг**, etc.

- Pour beaucoup de mots, l'accent est fixé à la fin : **ум**, *esprit*, **ума́**, **умы́**, **ума́м**, **ума́х**, etc.

- Certains mots (une catégorie moins importante) ont l'accent sur le radical au singulier et sur la fin au pluriel : **мо́ре**, *mer*, **мо́ря**, **мо́рю**, **моря́**, **моря́м**, **моря́х**, etc. Remarquez que dans cette catégorie, on compte beaucoup de mots neutres et de masculins avec le pluriel en **а / я**.

- Inversement, pour d'autres mots, l'accent est final au singulier et sur le radical au pluriel : **змея́**, *serpent*, **змее́й**, **змее́**, **зме́и**, **зме́ям**, **зме́ях**, etc.

- Parfois, l'accent change de place tout au long de la déclinaison : **кольцо́**, *anneau*, **кольца́**, **кольцу́**, **ко́льца**, **коле́ц**, **ко́льцах**, etc.

5 Chassez l'intrus (le mot avec l'accent incorrect) et donnez le cas et le nombre des mots corrects.

ex. : оле́нь
  1. ~~о́леня~~
  2. оле́ня — génitif ou accusatif du singulier
  3. оле́ни — nominatif pluriel

a. о́сень
  1. о́сени ....
  2. о́сенью ....
  3. осе́ни ....

b. колесо́
  1. коле́са ....
  2. колёса ....
  3. колеса́ ....

c. голова́
  1. головы́ ....
  2. голо́в ....
  3. голо́ве ....

d. жена́
  1. жену́ ....
  2. жена́х ....
  3. жён ....

e. пятно́
  1. пя́тна ....
  2. пятна́ ....
  3. пятён ....

f. письмо́
  1. пи́сьмами ....
  2. писе́м ....
  3. пи́сьмах ....

CHAPITRE 17 : L'ACCENT TONIQUE

6 Déclinez les mots suivants en mettant l'accent tonique à chaque forme.

a. ры́ба
1. génitif singulier ....
2. locatif pluriel ....
3. nominatif pluriel ....

b. у́хо
1. nominatif pluriel ....
2. génitif pluriel ....
3. datif singulier ....

c. го́род
1. locatif singulier ....
2. datif pluriel ....
3. nominatif pluriel ....

d. подру́га
1. instrumental singulier ....
2. génitif pluriel ....
3. accusatif pluriel ....

e. коле́но
1. génitif singulier ....
2. datif singulier ....
3. locatif pluriel ....

f. зуб
1. nominatif pluriel ....
2. génitif pluriel ....
3. génitif singulier ....

L'accent tonique dans les adjectifs

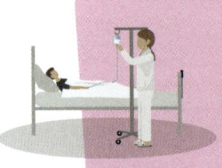

Pour les adjectifs longs, c'est assez simple car l'accent est toujours fixe et se place sur la base, sauf pour les adjectifs en **-ой** dont l'accent est final (et qui reste final lors de la déclinaison) : **больно́й**, *malade*, **больны́х, больно́м, больно́му**, etc.

Beaucoup d'adjectifs courts sans suffixe dans la base ou avec le suffixe **к, л, н, ок** ont l'accent sur la première syllabe, sauf la forme du singulier au féminin qui a l'accent final : **дёшев**, *bon marché*, **дешева́, дёшево, дёшевы** ; **жив**, *vivant*, **жива́, жи́во, жи́вы**.

Pour les autres adjectifs courts, l'accent se déplace souvent, mais là encore, la forme du féminin a le plus souvent un accent final, sauf les adjectifs du type : **краси́в, краси́ва, краси́во, краси́вы**. Pour ces cas, nous vous conseillons de vérifier la position de l'accent dans un dictionnaire et de les apprendre par cœur...

7 Placez l'accent sur les adjectifs suivants et donnez leurs féminin, neutre et pluriel en indiquant à chaque fois l'accent tonique.

a. синий → ....

b. маленький → ....

c. хороший → ....

d. большой → ....

e. резкий → ....

f. отличный → ....

CHAPITRE 17 : L'ACCENT TONIQUE

8 Donnez la forme courte quand c'est possible au masculin, féminin, neutre et au pluriel, et placez l'accent correctement.

a. одинокий → ....

b. близкий → ....

c. лишний → ....

d. глупый → ....

e. дешёвый → ....

f. каменный → ....

g. сытый → ....

h. молодой → ....

9 Placez l'accent tonique sur les mots suivants.

a. правы

b. живы

c. бледны

d. дороги

e. глухи

f. молоды

g. вредны

h. редки

L'accent tonique dans les verbes

Pour chaque nouveau verbe, apprenez l'infinitif, la 1re et la 2e personnes du singulier au présent (pour les imperfectifs) et au futur (pour les perfectifs). Cela vous renseigne sur le groupe du verbe ainsi que sur la position de l'accent.

- Les verbes au présent et futur simple avec l'accent fixe tout au long de la conjugaison : **говори́ть, де́лать, ждать, знать, реша́ть, рисова́ть**, etc. L'accent reste toujours sur la même syllabe : **зна́ю, зна́ешь, зна́ет, зна́ем, зна́ете, зна́ют**.

- Les verbes avec l'accent final à la 1re personne du singulier et qui se déplace sur la syllabe précédente aux autres formes : **люби́ть, обня́ть, писа́ть, снять, ходи́ть**, etc. Observez : **люблю́, лю́бишь, лю́бит, лю́бим, лю́бите, лю́бят**.

CHAPITRE 17 : L'ACCENT TONIQUE

- L'accent au passé peut également bouger. Beaucoup de verbes ont l'accent sur la base, sauf au féminin. Apprenez les plus répandus par cœur : **был, былá, бы́ло, бы́ли ; лёг, леглá, легло́, легли́ ; знал, знáла, знáло, знáли ; брал, бралá, брáло, брáли**, etc.

- Le préverbe **вы** dans les verbes perfectifs est toujours accentué : **вы́звать, вы́зову, вы́зовешь ; вы́мыть, вы́мою, вы́моешь**, etc.

- Les participes dans leur forme courte ont le plus souvent l'accent sur la base mais il se déplace sur la fin du mot au féminin : **про́жит**, *vécu*, **прожитá, про́жито, про́житы ; взят**, *pris*, **взятá, взя́то, взя́ты**.

10 Mettez les verbes suivants au passé masculin, féminin, neutre et au pluriel en indiquant l'accent tonique.

	Verbes	Masculin	Féminin	Neutre	Pluriel
a.	дать				
b.	снять				
c.	быть				
d.	начать				
e.	жить				
f.	отнять				
g.	звать				

CHAPITRE 17 : L'ACCENT TONIQUE

Donnez la forme demandée en marquant l'accent tonique.

a. го́рек (le pluriel) → ....

b. крала́ (l'infinitif) → ....

c. медикаме́нты (le nominatif singulier) → ....

d. прожита́ (le pluriel) → ....

e. звоню́ (la 2ᵉ personne du singulier au présent) → ....

f. цыга́не (le nominatif singulier) → ....

g. продана́ (le neutre) → ....

h. приня́ть (le passé au masculin singulier) → ....

Bravo, vous êtes venu à bout du chapitre 17 ! Il est maintenant temps de comptabiliser les icônes et de reporter le résultat en page 128 pour l'évaluation finale.

ANNEXES
Verbes irréguliers

Verbes irréguliers

	петь, *chanter* (imperf.)	пить, *boire* (imperf.)	стать, *devenir* (perf.)	мочь, *pouvoir* (imperf.)
я	пою	пью	стану	могу
ты	поёшь	пьёшь	станешь	можешь
он, она, оно	поёт	пьёт	станет	может
мы	поём	пьём	станем	можем
вы	поёте	пьёте	станете	можете
они	поют	пьют	станут	могут

	течь, *couler* (imperf.)	мыть, *laver* (imperf.)	лететь, *voler* (imperf.)	умереть, *mourir* (perf.)
я	теку	мою	лечу	умру
ты	течёшь	моешь	летишь	умрёшь
он, она, оно	течёт	моет	летит	умрёт
мы	течём	моем	летим	умрём
вы	течёте	моете	летите	умрёте
они	текут	моют	летят	умрут

	класть, *mettre* (horizontalement) (imperf.)	ставить, *mettre* (verticalement) (imperf.)	брать, *prendre* (imperf.)	взять, *prendre* (perf.)
я	кладу	ставлю	беру	возьму
ты	кладёшь	ставишь	берёшь	возьмёшь
он, она, оно	кладёт	ставит	берёт	возьмёт
мы	кладём	ставим	берём	возьмём
вы	кладёте	ставите	берёте	возьмёте
они	кладут	ставят	берут	возьмут

ANNEXES : VERBES IRRÉGULIERS

	нанять, embaucher (perf.)	жить, vivre (imperf.)	быть, être (perf.)	давать, donner (imperf.)
я	найму	живу	буду	даю
ты	наймёшь	живёшь	будешь	даёшь
он, она, оно	наймёт	живёт	будет	даёт
мы	наймём	живём	будем	даём
вы	наймёте	живёте	будете	даёте
они	наймут	живут	будут	дают

	ехать, aller (imperf.)	ездить, aller (imperf.)	идти, aller (imperf.)	ходить, aller (imperf.)
я	еду	езжу	иду	хожу
ты	едешь	ездишь	идёшь	ходишь
он, она, оно	едет	ездит	идёт	ходит
мы	едем	ездим	идём	ходим
вы	едете	ездите	идёте	ходите
они	едут	ездят	идут	ходят

	звать, appeler (imperf.)	любить, aimer (imperf.)	лечь, se coucher (perf.)	сесть, s'asseoir (perf.)
я	зову	люблю	лягу	сяду
ты	зовёшь	любишь	ляжешь	сядешь
он, она, оно	зовёт	любит	ляжет	сядет
мы	зовём	любим	ляжем	сядем
вы	зовёте	любите	ляжете	сядете
они	зовут	любят	лягут	сядут

ANNEXES : VERBES IRRÉGULIERS

Verbes à conjugaison « mélangée »

	есть, *manger* (imperf.)	хотеть, *vouloir* (imperf.)	бежать, *courir* (imperf.)	дать, *donner* (perf.)
я	ем	хочу́	бегу́	дам
ты	ешь	хо́чешь	бежи́шь	дашь
он, она, оно	ест	хо́чет	бежи́т	даст
мы	еди́м	хоти́м	бежи́м	дади́м
вы	еди́те	хоти́те	бежи́те	дади́те
они	едя́т	хотя́т	бегу́т	даду́т

Le passé

		идти́, *aller, marcher* (imperf.)	есть, *manger* (imperf.)	сесть, *s'asseoir* (perf.)	вести́, *amener* (imperf.)
Singulier	M	шёл	ел	сел	вёл
	F	шла	ела	села	вела
	N	шло	ело	село	вело
Pluriel	Tous genres	шли	ели	сели	вели

		лечь, *se coucher* (perf.)	умере́ть, *mourir* (perf.)	мочь, *pouvoir* (imperf.)	расти́, *croître* (imperf.)
Singulier	M	лёг	умер	мог	рос
	F	легла́	умерла́	могла́	росла́
	N	легло́	умерло́	могло́	росло́
Pluriel	Tous genres	легли́	умерли́	могли́	росли́

SOLUTIONS

1. Le nom, le genre et le nombre : cas particuliers

1 саду (m.), тюльпаны (m.), розы (f.), Девочки (f.), букет (m.), вазу (f.), центре (m.), стола (m.), комнате (f.), мама (f.), работы (f.), вазу (f.), кресло (n.), окна (n.), подарком (m.).

2 a-5, b-6, c-7, d-8, e-1, f-4, g-2, h-3

3 тишина, мебель, мёд, горе, кислород, информация, пыль, здоровье, посуда, гнев, смех, детство

4 Карпаты, ножницы, сутки, каникулы, брюки, чернила, сумерки, деньги

5 a. *shampooing*, мой, (m.) b. *côtes*, мои, (n.) c. *café*, мой, (m.) d. *pantalon*, мои e. *but*, моя, (f.) f. *taxi*, моё, (n.) g. *toux*, мой, (m.) h. *garçon*, мой, (m.)

6 скачки, *courses* (de chevaux) ; сливка, *petite prune* ; выбор, *choix* ; сливки, *crème* ; скачок, *saut* ; выборы, *élections*.

7 a. врач, *médecin* b. число, *nombre* c. растение, *plante* d. стул, *chaise* e. остров, *île* f. звезда, *étoile* g. дверь, *porte* h. капля, *goutte* i. конь, *cheval*

8 a. цветы b. дети c. листья d. сёстры e. матери f. дни g. деревья h. ремни i. братья j. перья

9 Потому что он стоит на Сене = *Parce qu'il est sur la Seine.* (Le jeu de mots est fondé sur la confusion entre les mots Сена, *la Seine* et сено, *le foin*. Déclinés au locatif, les deux mots donnent la même forme сене.)

2. Le génitif

Р	о	т			
Ш	е	я			
У	ш	и			
Г	у	б	а		
К	о	ж	а		
Р	у	к	и		
В	е	к	и		
К	р	о	в	ь	
Б	р	о	в	и	
Н	о	г	о	т	ь
С	е	р	д	ц	е
З	р	а	ч	к	и
П	а	л	ь	ц	ы
В	о	л	о	с	ы
С	т	у	п	н	и
К	о	л	е	н	и
Р	е	с	н	и	ц	ы
Т	у	л	о	в	и	щ	е

2 a. Нет, у меня нет дочери. b. Нет, у них нет времени. c. Нет, у него нет учителя. d. Нет, у нас нет задания. e. Нет, здесь нет музея. f. Нет, у них нет сада. g. Нет, у нас нет рубашки.

3 a-4, b-3, c-5, d-2, e-1

4 a. родного языка. b. лучшего друга? c. дорогой сумки? d. синего ведра. e. длинной истории. f. внутреннего устройства

5 a. нормальных людей. b. хороших друзей c. разных цветных карандашей. d. маленьких детей. e. длинных волос. f. русских песен.

6 a. занавески b. лет c. коня d. часов e. страниц f. рублей g. музеев

7 a. Это чемодан высокого блондина. b. Это родина известного писателя. c. Это решение Юрия. d. Это книги хороших друзей. e. Это идея её матери. f. Это зеркало моей младшей дочери.

8 без, *sans* ; до, *jusqu'à* ; от, *de* ; у, *chez* ; после, *après* ; для, *pour* ; из-за, *à cause de* ; из, *de* ; около, *à côté de* ; мимо, *(en passant) devant*.

9 a. стакана - *provenance* b. зеркал - *absence* c. муки - *quantité* d. воды - *partitif* e. школы - *provenance*

10 a. У. *La peur alimente l'imagination.* b. без. *Il n'y a pas de fumée sans feu.* c. У, без. *Il a la langue bien pendue.* d. С, из. *Loin des yeux, loin du cœur.* e. До. *Cela ne fait rien.* f. у. *Un voleur qui vole un voleur.*

3. Le datif. Les structures impersonnelles

1 брату, тебе, нам, тебе, маме, родителям, вам

– Tu as donné tout notre argent à ton frère !
– Je t'ai déjà dit qu'il nous rendrait tout, ne t'inquiète pas.
– Pourquoi es-tu sûre qu'il te le rendra ?
– Il a donné sa parole à maman et de plus, il a expliqué quelque chose à nos parents, c'est pourquoi je suis absolument tranquille.
– Et qu'est-ce qu'il vous a expliqué ?
– Et bien qu'aujourd'hui, il va jouer au loto et qu'il va (sûrement) gagner !

2 a. брату b. соседке c. мужу d. дочери e. дяде f. мнению g. отцу h. Марии

3 a. и b. е c. и d. и e. е f. е g. и h. и

4 a. оленям b. плечам c. морям d. ключам e. тетрадям f. идеям g. львам h. собакам

5 a-3, b-1, c-5, d-4, e-2

6 a. Детям страшно. *Les enfants ont peur.* b. Сколько лет учителю? *Quel âge a le professeur?*

121

SOLUTIONS

c. Собаке и коту жарко. *Le chien et le chat ont chaud.* d. Мальчикам больно. *Les garçons ont mal.* e. Саше грустно. *Sacha a le cafard.* f. Друзьям весело. *Les amis s'amusent.* g. Мне и тебе хорошо. *Toi et moi, on se sent bien.*

7

Какому, Какой, Каким / Кому, Чему
Лучшему другу
Важному гостю
Умным братьям
Сиамской кошке
Отличным новостям
Редкому качеству
Хорошему товарищу
Неожиданной встрече
Сложным обстоятельствам
Младшей дочери
Летней ночи

8 a. новому пациенту b. пожилой женщине c. маленьким детям d. близкой подруге e. домашнему заданию f. старшим сыновьям g. белому коню

9 a-1, b-3, c-3, d-2, e-1, f-2, g-1, h-2

10 a. детям b. Тане c. Юрию

11 рождения / подарили / подарков / довольна / младшему / брату / тоже / Наташе / поцеловала / ему / рад

4. L'accusatif et le locatif

1 a. море b. сестру c. велосипед d. отца e. кошку - попугая f. лекарство

2 a. учителей b. руки c. деревья d. глаза e. героев f. музеи g. птиц h. станции i. окна

3 datif : сливе, *prune* ; огурцу, *concombre* ; клубнике, *fraise* ; маслу, *beurre/huile*
génitif : кабачка, *courgette* ; помидора, *tomate* ; рыбы, *poisson* ; икры, *caviar*
accusatif : колбасу, *saucisson* ; молоко, *lait* ; майонез, *mayonnaise* ; варенье, *confiture*

4 a. новую невесту b. такие спелые бананы c. головокружительную карьеру d. лучших друзей e. вкусную рыбу f. российского партнёра

5 **Куда** : a, c, f, h, k, l **Где** : b, d, e, g, i, j

6 a. университете b. странах c. реке d. лучах e. библиотеках f. ресторане g. домах - улице h. полях i. филармонии j. лицах

7 a. метро b. самолёте c. самокате d. корабле e. автобусе f. поезде g. мотоцикле h. такси i. велосипеде j. трамвае k. троллейбусе l. лодке

8 a. ~~деревне~~ b. ~~встречу~~ c. ~~лавочку~~ d. ~~магазине~~ e. ~~Луне~~ f. ~~аудиторию~~ g. ~~полку~~ h. ~~автобусе~~ i. ~~угол~~ j. ~~консерватории~~

9 **Accusatif** : тихую улицу, здание, сложные, приятную, качества, интересный спектакль, морозы, на / рынок, в / лес, в / бурого медведя, широкие площади
Locatif : на / улице, большом здании, книгах, приятной атмосфере, редких, интересном, морозах, рынке, в / лесу, буром медведе, на / площадях

10 a. -и b. -и c. -е d. -е e. -и f. -е g. -и h. -е i. -е j. -и k. -е l. -и m. -е

5. L'instrumental. Les noms à déclinaison particulière

1 a. студентом b. книгой c. корнем d. счастьем e. мужем f. рекой g. пнём h. болью i. ножом j. окном k. мухой l. кожей

2 a. врачом b. ребёнком c. музыкой d. учителем e. няней f. врагом g. медсестрой

3 a. кистью b. помадой c. молотком d. ручкой e. гребнем f. карандашом g. лопатой h. метлой i. стетоскопом

4 a. вещами b. людьми c. рублями d. соседями e. помидорами f. книгами g. коврами

5 a. 3 конфетами b. 5 хлебом c. 1 огурцами d. 4 мясом e. 2 клубникой

6 a. маленькими детьми b. сладкими пирожками c. хорошим вкусом d. младшей сестрой e. старым креслом f. мягкой мебелью

7 a. Татьяна познакомилась с Катей на работе. b. Лена занимается с лучшим преподавателем. c. Служащие решили проблему с менеджером. d. Лидия заполнила анкету синей ручкой.

8 a-2, b-3, c-2, d-2, e-1

9 булочная, рабочий, часовой, столовая, ванная, насекомое, жаркое, больной, нищий.
a. часовому b. булочной c. насекомых d. жаркое e. больного f. ванной

6. Les remarques pour la déclinaison. Particularités des noms

1 a. упаду b. слуху-духу c. умолку d. маху e. году f. жиру g. пылу-жару

SOLUTIONS

2 a. морей b. носков c. сапог d. рек e. мозгов f. чулок g. людей h. девочек i. армян j. зверей

3 a. носище b. ямища c. городище d. силища e. пылища f. котище g. ножища h. лбище

4 болотище – болото ; письмище – письмо ; плечище – плечо

5 a. столик b. солнышко c. тучка d. мешочек e. водичка f. лобик g. щёчка h. страничка

6 a-3, b-1, c-2, d-1, e-2, f-3, g-3, h-1

7 En un seul mot : полмира, полубог, полпятого, полкружки, полуфинальный, полшколы
Avec un trait d'union : пол-ложки, пол-России, пол-апельсина, пол-одиннадцатого, пол-этажа, пол-организации

8 синие брюки, чёрный кофе, жуткий неряха, широкая авеню, вкусное рагу, новое пальто, острые ножницы, варёная кольраби

9 a. faux : féminin b. faux : masculin c. faux : féminin d. faux : neutre e. vrai f. faux : masculin g. vrai h. faux : féminin

10 Singulier : мука, молодёжь, ходьба, мошкара, листва, детство, горе, родня
Pluriel : чернила, каникулы, ножницы, будни, хлопоты, румяна, очки, духи

7. Les pronoms personnels. Les adjectifs possessifs. Quelques règles orthographiques

1 a. её b. ним c. неё d. ними e. ему f. них g. вас h. мне

2 a. его b. ней c. ними d. него e. ней f. ими g. их h. ним

3 a-3, b-2, c-3, d-1, e-1, f-3, g-2, h-1

4 a. своему – datif b. нашей – génitif c. своими – instrumental d. моей – locatif e. Вашему – datif f. его – instrumental g. твою – accusatif h. моём – locatif

5 a. féminin singulier b. masculin singulier c. pluriel d. masculin singulier e. féminin singulier f. féminin pluriel

6 a. моя b. их c. её d. мой, моей e. их f. своих

7 a. синицы b. станция c. цыплятина d. цикорий e. цыган f. традиции g. циркуль h. концы i. куций j. царицын

8 a. регистрация b. цикл c. цена d. цинизм e. цыплёнок f. официальный g. революция h. цилиндр

9 a. non b. ь c. ь d. non e. ь f. non g. non h. ь i. ь j. non

10 a. семья, *famille* b. каток, *patinoire* c. стоянка, *stationnement* d. ворона, *corneille* e. подвал, *cave* f. Париж, *Paris* g. опять, *de nouveau* h. узор, *dessin* (motif)

8. Les adjectifs. Les adverbes. Le comparatif et le superlatif

1 Adjectifs qualitatifs : чёрный, старый, дешёвый, тяжёлый, гордый
Relatifs à une action ou à un objet : еженедельный, английский, деревянный, прошлогодний, февральский
Adjectifs d'appartenance : дедушкин, собачий, рыбий, кошачий, соседский

2 a. слишком b. Утром c. шёпотом d. Справа e. быстро f. назло g. давно h. мало

3 a. с разбега b. на задворках c. издалека d. по-твоему e. до отвала f. кому-то g. невпопад h. без конца i. по-волчьи j. в одиночку

4 a. болен b. зелен c. pas de forme courte d. резок e. pas de forme courte f. быстр g. силён

5 a. деревянная кровать b. птичьи гнёзда c. жена ему верна d. летняя жара e. божья воля f. фрукты полезны g. лебяжий пух h. настоящая удача i. зимняя свежесть

6 a. 1. *modeste* – более скромный 2. *sincère* – более искренний 3. *haut* – более высокий 4. *dangereux* – более опасный 5. *court* – более короткий
b. 1. *difficile* – менее трудный 2. *bruyant* – менее громкий 3. *agressif* – менее агрессивный 4. *fatigant* – менее утомительный 5. *risqué* – менее рискованный
c. 1. *méchant* – злее 2. *bête* – глупее 3. *propre* – чище 4. *obéissant* – послушнее 5. *bon* – лучше

7 a. умнее b. pas de comparatif c. тяжелее d. дороже e. pas de comparatif f. веселее g. pas de comparatif h. милее

8 a-3, b-3, c-2, d-1, e-2, f-3, g-1, h-2

9 a. аккуратнейший, самый аккуратный b. самый ласковый c. тишайший, самый тихий d. чудеснейший, самый чудесный e. самый обидчивый f. нижайший, самый низкий g. самый ушастый h. идеальнейший, самый идеальный

10 a. обычный b. сырых – полезных c. целый – длинной d. бесконечных – октябрьских e. двоюродного f. дерзким g. синей h. старым

SOLUTIONS

9. Formation des mots. Les noms composés. Les consonnes « muettes »

1 a. лететь, *aller en avion* b. думать, *penser* c. правда, *vérité* d. песня, *chanson* ; пение, *chant* e. коса, *tresse* f. газ, *gaz* ; проводить, *conduire* g. плакать, *pleurer* h. нога, *pied*

2 a. мышеловка b. водовоз c. вагоноремонтный d. мореплаватель e. хлебоуборочный f. огнемёт g. водопровод h. остроумный

3 a. земледелие b. паровозостроение c. дальневосточный d. водонапорный e. птицелов f. звукоизоляция g. кровопийца h. нефтепровод i. водохранилище j. сухофрукты

4 a-4 овощехранилище b-7 газопровод c-5 звукоизоляция d-1 корнеплод e-6 местоположение f-3 самоучитель g-2 жизнедеятельность

5 a. семикратный b. девяностодневный c. девятимесячный d. столетний e. пятнадцатипроцентный f. трёхколёсный g. тысячеметровый

6 a. о b. о c. о d. е e. е f. и g. е h. о

7 En un seul mot : макроэкономика, пятидесятиметровка, блокнот, микропорез, телепередача, радиослушатель, бортпроводник, вольтметр
Avec un trait d'union : вице-президент, мини-юбка, диван-кровать, пресс-центр, гамма-излучение, плащ-палатка, меч-рыба, яхт-клуб

8 a. радостный (радость) b. песня (песен) c. опасно (опасен) d. сердце (сердечный) e. несчастный (несчастье) f. агентство (агент) g. ужасный (ужасен) h. крёстный (крестить) i. поздно (опоздание)

9 a. властный b. гигантский c. здравствуйте d. местность e. чудесный f. участвовать g. страстный h. вкусный

10 a. Во-первых, это не ваше пальто! Во-вторых, оно даже не вашего размера. *Premièrement, ce n'est pas votre manteau. Deuxièmement, ce n'est même pas votre taille.* b. На мой взгляд, мы доедем быстрее на автобусе. *De mon point de vue, nous y arriverons plus vite en bus.* c. Извините, пожалуйста, где находится ближайшая аптека? *Excusez-moi, s'il vous plaît, où se trouve la pharmacie la plus proche ?* d. Ты нашёл мой кошелёк и, несомненно, потратил все деньги… *Tu as trouvé mon portefeuille et tu as sans doute dépensé tout mon argent…* e. Он, к счастью, был самостоятелен и здоров. *Heureusement, il était indépendant et en bonne santé.* f. Может быть, вас это забавляет, а меня совсем нет. *Peut-être que cela vous amuse, mais moi, pas du tout.* g. Дети разбили вазу, а потом собрали осколки и спрятали их под ковром. *Les enfants ont brisé le vase, ils ont ensuite ramassé les débris et les ont cachés sous le tapis.* h. К сожалению, мы заняты в субботу вечером и не сможем прийти к вам. *Malheureusement, nous sommes occupés samedi soir et nous ne pourrons pas venir chez vous.*

10. Le présent. Les verbes irréguliers. Les verbes знать et уметь.

1 1ᵉʳ groupe : брить, менять, читать, болеть, ждать, шить, желать, знать
2ᵉ groupe : ставить, верить, держать, спать, звонить, слышать, смотреть, дышать

2 a. льёшь b. бреет c. кручу d. машем e. пишет f. ращу g. работает h. ищут i. режете j. люблю

3 a. крутить b. чистить c. платить d. видеть e. кормить f. плакать g. грустить h. лепить

4 a. Сейчас она тоже делает пельмени. b. Сейчас они тоже следуют общим правилам. c. Сейчас они тоже дают нам денег. d. Сейчас он тоже смотрит футбол по телевизору. e. Сейчас он тоже хорошо видит. f. Сейчас я тоже люблю читать. g. Сейчас она тоже ищет свои очки. h. Сейчас она тоже ждёт своего хозяина. i. Сейчас вы тоже не узнаёте моих друзей. j. Сейчас я тоже ненавижу шум.

5
ЕМ
ПЬЮ
ИДУ
СПИТ
ПОЁТ
ДЕРЖУ
ЛЕТИМ
ТЕРПЛЮ
ХОТИТЕ
ДЕРЖИШЬ
КЛАДЁТЕ

6 a. ищут - *Maria et Pavel cherchent un appartement.* b. пашут - *Les paysans labourent la terre.* c. занимаетесь - *Vous faites (pratiquez) du sport depuis longtemps.* d. даёшь - *Quel pingre ! Tu ne donnes jamais rien à personne !* e. бежишь - *Où cours-tu ?* f. моет - *Maman lave Mila avec du savon.*

g. пьёте - *Qu'est-ce que vous buvez ?* **h.** ходят - *Le matin, ils vont à la piscine.*

7 a. решаться, *se décider* **b.** ругаться, *se disputer* **c.** – **d.** подниматься, *monter, se lever* **e.** прятаться, *se cacher* **f.** – **g.** относиться, *se rapporter (à qqch.)* **h.** молиться, *prier* **i.** – **j.** плакаться, *se plaindre*

8 a. Она сморкается. **b.** Он моет (себе) руки. **c.** Они моются. **d.** Я улыбаюсь. **e.** Мы радуемся. **f.** Они звонят друг другу. **g.** Вы раздеваетесь. **h.** Они ругаются.

9 Хочу рассказать вам историю о том, как нельзя делать. Иду я по улице, вижу – старушка пытается через дорогу перейти. Рядом с ней идут достаточно взрослые мальчики. Старушка в одной руке несёт сумку, в другой бидон с молоком. Видно, что сил ей не хватает, тяжело нести свою ношу. А тут еще и светофор начинает мигать, на красный свет переключается. Я думаю, сейчас мальчишки ей помогут, а они только обходят её поскорее, чтобы самим успеть. На бабушку даже внимания не обращают. Тогда я спешу, подбегаю к бабушке, подхватываю её авоську и бидон, её под локоть беру, и мы быстро-быстро переходим на другую сторону. Подростки всё-таки оборачиваются: наверное, понимают, что так, как они поступили, делать нельзя.

10 a. умеет **b.** знаем **c.** знает **d.** умеете **e.** умеем **f.** знаешь **g.** умею - знаю **h.** знают

11. L'aspect du verbe. Les verbes de position

1 Imperfectifs : идти, думать, ехать, смотреть, радовать, оставаться, жить, отвечать, уговаривать
Perfectifs : познакомиться, прочитать, сказать, сделать, уехать, засмеяться, остаться, перевести, взять

2 1-e, 2-h, 3-a, 4-f, 5-b, 6-d, 7-g, 8-c

3 a. ездят – habitude **b.** пьют – habitude **c.** рисует – action prolongée **d.** ходит – habitude **e.** рассказывает – action répétée

4 есть, *manger* ; желать, *désirer* ; верить, *croire* ; вертеть, *tourner* ; дышать, *respirer* ; спать, *dormir* ; исчезать, *disparaître* ; шуметь, *faire du bruit*

5 нести – носить, идти – ходить, бежать – бегать, летать – лететь

6 a. рисовать **b.** ворчать **c.** лететь **d.** веселиться **e.** говорить **f.** пищать **g.** ходить **h.** менять

7 a. плавают – *D'habitude, les enfants nagent à la piscine avec l'entraîneur.* – Обычно **b.** ездим – *En hiver, nous allons dans la montagne faire du ski et en été nous nous rendons à la mer.* – Зимой, отправляемся **c.** забывает – *Elle oublie tout en permanence.* - постоянно **d.** ездит – *Anton va souvent dans d'autres villes pour le travail.* – часто **e.** занимается – *Chaque samedi Mira fait du tennis au club.* – Каждую субботу **f.** добирается – *Stas va toujours au travail en voiture.* – всегда **g.** вяжет, читает – *Le soir, grand-mère tricote et grand-père lit un journal.* – Вечерами **h.** ходит – *Tous les mercredis, maman va au marché.* – Каждую среду.

8 a. сажусь **b.** лежит **c.** висит **d.** сидит **e.** кладёт **f.** стоят **g.** вешает **h.** встаёт

9 a. висит **b.** сидит **c.** ставишь **d.** лежит/сидит (les deux sont possibles) **e.** кладут **f.** стоит **g.** сажает **h.** стоит

12. Les verbes de mouvement. La signification des préverbes

1 идти, ехать, тащить, лететь, водить, нести, катить, лезть

2 a. ездить **b.** носить **c.** плавать **d.** возить **e.** летать **f.** бегать **g.** летать **h.** катать **i.** лазить

3 a-2, b-4, c-5, d-1, e-6, f-3

4 a. ездим **b.** водит **c.** везут **d.** лезешь **e.** ползает **f.** тащит **g.** брожу **h.** плавают - плывут

5 a. ходит **b.** плывём **c.** летит **d.** идут **e.** ездит **f.** идёте - идём

6 a. ездит **b.** едут **c.** ведёт **d.** идут **e.** идёт **f.** улетаю

7 a. Куда он уходит? **b.** Лука приходит на работу к 9. **c.** Я выхожу на улицу. **d.** Друзья расходятся после дня рождения. **e.** Дети осторожно переходят дорогу. **f.** Начальник обходит территорию завода. **g.** Люди сходятся на митинг на главной площади. **h.** Папа заходит в магазин за продуктами.

8 a. отводить **b.** проходить **c.** забегать **d.** угонять **e.** выползать **f.** подходить **g.** стаскивать **h.** привозить

9 a. Сегодня Лена идёт в спортзал на тренировку. **b.** Каждый год родители ездят на юг на море. **c.** Они идут в театр на спектакль. **d.** Раз в неделю они ходят в гости к друзьям. **e.** Она идёт в бассейн на плаванье. **f.** едешь в магазин за покупками.

10 a-1, b-2, c-1, d-2, e-1, f-3

13. Le futur

1 поймать, дать, найти, принести, выпить

2 a. положит b. помирятся c. узнаете d. выйдет e. займу f. сядем g. съешь h. возьмут i. захотите j. ляжет

3 a-6, b-7, c-8, d-1, e-2, f-4, g-3, h-5

4 a. буду ждать b. скажешь c. решат d. будете думать e. положит f. будем сидеть g. помоет h. будут звонить i. будешь лечить j. переживу

5 a. пойдёт b. совершим c. будет идти d. займёте e. буду жить f. будет спать, будет готовить g. напишет h. будешь работать

6 a. поедут b. будут заходить c. будет ходить d. придут e. будут бегать f. пойду g. полетят h. будет ездить i. поедешь

7 1. начинается-начнётся 2. закрываются-закроются 3. заканчиваются-закончится 4. решаются-решится

8 a. будут, куплю b. захочешь c. поймут, перестанут d. будет, поедем e. сможете, отдадите f. появятся, будет

14. Le passé. Le conditionnel

1 1. устать 2. стоить 3. решить 4. спать 5. затихнуть 6. давать 7. брать 8. класть 9. стоять 10. вернуться

2 a. улыбался b. забыли c. решились d. верила e. жили f. радовалась g. выращивал h. дали i. забрали j. родился ou родилась

3 подбежал, смеялся, решила, смог, ушёл, умер, отстриг, погас, вёз

4 a-1, b-3, c-1, d-2, e-3, f-2, g-1

5 1. работало 2. читали 3. занёс 4. смогла

6 a. знал - стал b. было - могли c. сходил(а) d. хотел(а) e. интересовало - поговорил(а) f. могли g. разговаривал(а) ou говорил(а)

7 a. устала b. пригласите – придём c. уедут d. поступает ou поступал e. хотелось – купили f. ходила – умела

8 a-4, b-6, c-2, d-1, e-5, f-3

9 a. ходили b. решил c. начинался d. хотели e. увидел f. ушёл g. посмотрели h. пошёл

10 a. начали b. ездила c. взял d. слышали e. брал f. вышел

11 a. делать b. прекратить c. искать d. пойти e. выключить f. убирать g. играть

12 a. читал b. correct c. выпили d. нёс e. correct f. узнавали

15. L'impératif

1 a. живи b. крикните c. уйди d. слушай e. забудь f. стукните g. оставь h. вытрите

2 a. мешай! b. улыбнись! c. лезь! d. решай! e. давай! f. вернись! g. пой! h. держи! i. реши! j. лопни! k. мой! l. дои!

3 a. прячься b. шейте c. поезжай d. ищи e. любите f. запиши g. рисуйте h. упади

4 a. Возьми b. Давайте играть c. Пусть (Пускай) сделает d. Напишите e. Решай f. Пусть (Пускай) рассказывают g. кричите h. Отстаньте

5 a. 1. е, 2. и, b. 1. и, 2. е, c. 1. е, 2. й, d. 1. и, 2. е, e. 1. е, 2. и, f. 1. е, 2. и

6 a. Познакомь b. Давай пообедаем c. Скажите d. ври e. Сходи f. живи, учись g. покупай h. говори

7 a. нападите b. взгляни c. сбегай d. Бросайте e. перестаньте f. посоветуйся g. прекратите h. Вышлите

8 a. Закрой(те) b. Пойдём (те)/пошли c. Дай d. Позвони(те) e. Приходи(те)/ Пойдём(те)/ Пошли

9 a. Не покупай мотоцикл! b. Не пропускайте школу! c. Не отдавай свою собаку! d. Не обижай друга! e. Не покупайте билеты! f. Не сажайте его на больничный! g. Не ходи на танцы! h. Не смейтесь надо мной!

10 a. Дай мне стакан, пожалуйста! b. Она обожает цветы. Подари ей розы! c. Научите меня играть на скрипке! d. Не забудь вернуть нам ручку! e. Отправьте мне сообщение! f. Смотри, они внизу! g. Подождите, я говорю по телефону! h. Пригласи её в театр! i. Повторите, пожалуйста, ещё раз! j. Помоги маме помыть посуду!

16. L'orthographe : signe mou et signe dur

1 a. *souris* b. *annonce* c. *chose* d. *départ* e. *dormir* f. *pluie* g. *aide* h. *cheval* i. *gaieté* j. *rire* k. *glaçon* l. *manger*

2 a. воробьи c. платье f. пальто g. медальон h. семья

SOLUTIONS

3 остаёшься, играть, только, заканчиваются, бежать, занимаюсь, знаешь, очень, нравится, выдерживаешь, поверишь

4 b. мелочь d. мощь g. брошь i. дочь k. желчь

5 Sans signe mou : Трубач, хорош, москвич, изречёт, малыш, паралич, невтерпёж, ставят, шалаш, грач, душ, царевич, отец, вездесущ
Avec signe mou : моешь, привлечь, настежь, рожь, встаньте, фальшь, дичь, бреешься, гуашь, съешь, полночь, вошь, откажись, речь

6 мельница, *moulin* ; мальчик, *garçon* ; палка, *bâton* ; учительница, *maîtresse* ; солнце, *soleil* ; больной, *malade* ; семья, *famille* ; воля, *volonté* ; нельзя, *interdit* ; борьба, *lutte* ; доля, *part* ; кольцо, *anneau* ; альбом, *album* ; шапка, *chapka* ; отвёртка, *tournevis* ; пальто, *manteau* ; стенка, *paroi* ; маленький, *petit* ; капелька, *gouttelette* ; место, *place* ; платье, *robe* ; крыльцо, *perron* ; штанга, *haltère*

7 a-5, b-1, c-4, d-6, e-3, f-2

8 Sans signe dur : старший, обиход, рассказ, поднять, абажур, выходка, пылесос, трёхколёсный, подход, снос, двухэтажный
Avec signe dur : съем, объём, съезд, адъютант, фотообъектив, съёмка, изъять, подъезд, съедобный, изъян, двухъярусный

9 въедливый, изъявить, объедки, разъярённый

10 адъютант, разъём, июнь, съязвить, огоньки, безъязыкий, польза, съесть, чьё, въявь, больно, деревья, необъятный, инъекция, альбом, письмо, разъяснить, апельсин, подъёмник, объект, льдина, сильный, изъять, парень, неизъяснимый, намажь, отъявленный, телеобъектив, вскачь, знать, конъюнктивит, настежь, въехать, сосредоточься, съезд, площадь, пить, рубль, субъективно, корень, объятия, ноль, купаешься, съестное

17. L'accent tonique

1 Début du mot : кры́ша, спа́льня, ёжик, А́нглия, ту́фли, ро́зовая, у́тка
Milieu du mot : отде́льный, рису́нок, кроссо́вки, хоро́ший, оста́вить, наде́жда, весе́лье
Fin du mot : лицо́, сапо́г, земля́, кошелёк, мира́ж, челове́к, убра́ть

2 a. ви́на – *vins*, вина́ – *culpabilité* b. стрелки́ – *tireurs*, стре́лки – *aiguilles* c. за́мок – *château*, замо́к – *verrou* d. пла́чу – *je paie*, плачу́ – *je pleure* e. о́рган – *organe*, орга́н – *orgue* f. дорога́ – *chère*, доро́га – *chemin* g. кру́жки – *tasses*, кружки́ – *clubs*

3 a. тамо́жня b. бе́з толку c. опто́вый d. не́ было e. ста́туя f. за́ уши g. петля́ h. цепо́чка i. катало́г j. щаве́ль

4 a. околозе́мный b. однососта́вный c. водонепроница́емый d. обеспе́чение e. контрата́ка f. самолётострое́ние g. балова́ться h. межобластно́й

5 a. 1. о́сени – génitif, datif ou locatif singulier 2. о́сенью – instrumental singulier 3. ~~осе́ни~~ – b. 1. ~~колёса~~ 2. колёса – nominatif ou accusatif pluriel 3. колёса́ – génitif singulier – c. 1. го́ловы – génitif singulier 2. голо́в – génitif pluriel 3. ~~голо́ве~~ – d. 1. жену́ – accusatif singulier 2. жён – génitif ou accusatif pluriel – e. 1. пя́тна – nominatif pluriel 2. пятна́ – génitif singulier 3. ~~пя́тен~~ – f. 1. пи́сьмами – instrumental pluriel 2. ~~пи́сем~~ 3. пи́сьмах – locatif pluriel

6 a. 1. ры́бы 2. ры́бах 3. ры́бы ; b. 1. у́ши 2. уше́й 3. у́ху ; c. 1. го́роде 2. города́м 3. города́ ; d. 1. подру́гой 2. подру́г 3. подру́г ; e. 1. коле́на 2. коле́ну 3. коле́нях ; f. 1. зу́бы 2. зубо́в 3. зу́ба

7 a. си́ний > си́няя, си́нее, си́ние b. ма́ленький > ма́ленькая, ма́ленькое, ма́ленькие c. хоро́ший > хоро́шая, хоро́шее, хоро́шие d. большо́й > больша́я, большо́е, больши́е e. ре́зкий > ре́зкая, ре́зкое, ре́зкие f. отли́чный > отли́чная, отли́чное, отли́чные

8 a. одино́кий > одино́к, одино́ка, одино́ко, одино́ки b. бли́зкий > бли́зок, близка́, бли́зко, близки́ c. ли́шний d. глу́пый > глуп, глупа́, глу́по, глу́пы e. дешёвый > дёшев, дешева́, дёшево, дёшевы f. ка́менный g. сы́тый > сыт, сыта́, сы́то, сы́ты h. молодо́й > мо́лод, молода́, мо́лодо, мо́лоды

9 a. пра́вы b. жи́вы c. бле́дны d. до́роги e. глу́хи f. мо́лоды g. вре́дны h. ре́дки

10 a. дал, дала́, да́ло, да́ли b. снял, сняла́, сня́ло, сня́ли c. был, была́, бы́ло, бы́ли d. на́чал, начала́, на́чало, на́чали e. жил, жила́, жи́ло, жи́ли f. о́тнял, отняла́, о́тняло, о́тняли g. звал, звала́, зва́ло, зва́ли

11 a. го́рьки b. красть c. медикаме́нт d. про́житы e. звони́шь f. цыга́н g. про́дано h. при́нял

127

TABLEAU D'AUTOÉVALUATION

Bravo, vous êtes venu à bout de ce cahier ! Il est temps à présent de faire le point sur vos compétences et de comptabiliser les icônes afin de procéder à l'évaluation finale. Reportez le sous-total de chaque chapitre dans les cases ci-dessous puis additionnez-les afin d'obtenir le nombre final d'icônes dans chaque couleur. Puis découvrez vos résultats !

1. Le nom, le genre et le nombre : cas particuliers
2. Le génitif
3. Le datif. Les structures impersonnelles
4. L'accusatif et le locatif
5. L'instrumental. Les noms à déclinaison particulière
6. Les remarques pour la déclinaison. Particularités des noms
7. Les pronoms personnels. Les adjectifs possessifs. Quelques règles orthographiques
8. Les adjectifs. Les adverbes. Le comparatif et le superlatif
9. Formation des mots. Les noms composés. Les consonnes « muettes »

10. Le présent. Les verbes irréguliers. Les verbes знать et уметь
11. L'aspect du verbe. Les verbes de position
12. Les verbes de mouvement. La signification des préverbes
13. Le futur
14. Le passé. Le conditionnel
15. L'impératif
16. L'orthographe : signe mou et signe dur
17. L'accent tonique

Total, tous chapitres confondus ....

Vous avez obtenu une majorité de...

отлично ! **Excellent !** Vous maîtrisez maintenant la langue russe et ses particularités !

неплохо, **Pas mal**, mais vous pouvez encore progresser ! Refaites les exercices qui vous ont donné du fil à retordre en jetant un œil aux leçons !

начните заново. **Recommencez.** Vous êtes un peu rouillé… Reprenez l'ensemble de l'ouvrage en relisant bien les leçons avant de refaire les exercices.

CRÉDITS ICONOGRAPHIQUES : Shutterstock : AnutaBerg : 3 ; Olga1818 : 4, 5, 14, 29, 40, 74, 90, 105h, 109 ; Dashikka : 6 ; iana kauri : 7 ; Macrovector : 9, 42, 52, 55, 68, 71, 78, 79, 83, 84b, 86, 89h, 106, 111 ; Spreadthesign : 10, 113 ; Alex Gorka : 11 ; mayrum : 12h ; Iriskana : 12b ; RedlineVector : 13 ; stockshoppe : 15 ; ksenvitaln : 16 ; getfile : 18 ; BlueRingMedia : 19 ; MSSA : 20, 27 ; Kakigori Studio : 21, 69 ; Beresnev : 23 ; zzveillust : 24 ; honglouwawa : 25 ; mything : 31 ; Yoko Design : 32 ; Evellean : 33 ; Olga_draw : 35 ; NokHoOkNoi : 37h ; Delices : 37b ; Minur : 38 ; MaryCo : 39 ; lavarmsg : 41 ; Mad_Illustrations : 43h ; Lorelyn Medina : 43b, 97 ; K N : 44 ; Tomacco : 45g ; MyClipArtStore.com : 45d ; Relijic Aleksandra : 46 ; Vera Serg : 47 ; 6gasix : 48 ; Niwat singsamarn : 51 ; Recent : 53 ; Natalia Aggiato : 54h ; A-R-T : 54b ; Maria Kolyadina : 56 ; jesadaphorn : 58h ; Marish : 58b ; Creatarka : 59 ; Huza : 60 ; milo827 : 61 ; happymay : 63h ; Fred Ho : 63b ; KanKhem : 64 ; Adam Vilimek : 67 ; NotionPic : 70, 80, 93 ; forden : 72 ; yoshi-5 : 75, 110 ; Zentangle : 77 ; graphic-line : 81 ; Panda Vector : 82 ; Stocklifemax : 84h, 94 ; Julia Tim : 87, 91 ; jkcDesign : 89b ; Aleutie : 92 ; Ellegant : 95 ; Visual Generation : 96 ; What's My Name : 98h ; Smart Design : 98b, 114 ; ankomando : 99 ; Aliaksei 7799 : 102 ; Ivanova Natalia : 103 ; Borodatch : 105b ; Goodwaydesign : 107 ; jesadaphorn : 108 ; Anastasia Boiko : 112 ; MANGA MEDIA : 115 ; Maria Starus : 116 ; sub job : 117.

Conception graphique : MediaSarbacane
Mise en pages : Élodie Bourgeois
Réalisation : Laura Puechberty
© 2019 Assimil

Dépôt légal : mai 2019
N° d'édition : 4417 – janvier 2025
ISBN : 978-2-7005-8174-4
www.assimil.com
Imprimé en Roumanie par Tipografia Real